apropos Carson McCullers

Mit einem Essay von
Peter Henning

Verlag Neue Kritik

Peter Henning, geboren 1959 in Hanau, studierte Germanistik und Philosophie in Frankfurt. Lebt als freier Autor in Frankfurt am Main.

Bildnachweis:

Archiv für Kunst und Geschichte, Berlin
Virginia Spencer Carr / Diogenes Verlag, Zürich
Ledger Inquirer, Columbus, Georgia / Irish Times

Die Deutsche Bibliothek - CIP-Einheitsaufnahme
Apropos Carson McCullers / mit einem Essay von
Peter Henning - Frankfurt am Main: Verl. Neue Kritik, 1997
  (Apropos ; 12)
  ISBN 3-8015-0317-8
NE: Henning, Peter; GT

© Verlag Neue Kritik KG Frankfurt am Main 1997
Umschlag Helmut Schade unter Verwendung
einer Photographie von Irving Penn
Druck Druckerei Dan Ljubljana Slowenien
ISBN 3-8015-0317-8

Inhalt

Peter Henning
Gebete für Verlierer

Die Südstaaten haben sich immer wieder als faszinierendes Treibhaus erwiesen, als genuin-geographischer Quell der amerikanischen Literatur. Bedeutende Autoren der mittleren und jüngeren Generation des zwanzigsten Jahrhunderts wurzeln dort: Truman Capote, Eudora Welty, Flannery O'Connor, William Styron oder auch Katherine Anne Porter, um nur einige zu nennen.

Auch die 1917 in Columbus, Georgia geborene Carson McCullers steht mit ihrer Vita und ihrer Literatur ganz im Zeichen des Südens. Ihre Romane und Erzählungen buchstabieren das Lebensgefühl und die Existenz der Menschen am Rande der Baumwollfelder zwischen Armut und zerbröckelnden Herrschaftshäusern, zwischen kolonialen Träumen und schwarzer Ohnmacht.

Das Land am Saum des Mississippis: ein hitzeflimmerndes Laboratorium unter ewig blauem Himmel – eine Dunstglocke, unter der das Leben schwer und träge zirkuliert; Menschenfalle und Born überschäumender Lebenslust, Wiege des Blues und einer Literatur der immanenten Gegensätze. Hier hat ein William Faulkner seine unverwischbaren Spuren in den Geschichtsbüchern und Köpfen ganzer Lesergenerationen hinterlassen, hat ein Thomas Wolfe im Rahmen seiner Erzählungen vom »Tod zum Morgen« gefunden, dessen Erkenntnis, daß kein Weg zurückführt, die Zei-

8

ten überdauert. Hier verlebendigen sich die uralten, vielbe-
schworenen Legenden stets aufs neue, gelingt es der dort
entspringenden Literatur immer wieder, trotz des engsit-
zenden Kleides der Tradition, verblüffend Innovatives zu
erschaffen.

So hat auch Carson McCullers wiederholt die dunklen Märchen und alten Mythen ihrer Region ins helle Licht der
Moderne transponiert, verdichtet zu einer Literatur der
unerfüllten Liebe, der unstillbaren Sehnsucht und radikal-
sten Selbstbefragung.

In der Nachfolge eines Robert Penn Warren oder eines Tennessee Williams betritt das Mädchen aus Georgia Anfang
der vierziger Jahre mit einem Erstlingsroman die literarische Großbühne Amerikas, dessen erlesen melancholischer
Charakter und Grundton auf eine bislang ungekannte Weise neu und unerhört das Fabelhafte, das traurige Märchen
des Südens anstimmt.

Autoren wie V.S. Pritchett, Henry Miller, die Irin Edna
O'Brien oder auch Heinrich Böll haben in ihr früh die bedeutendste Erzählerin des Südens ausgemacht.

Doch wer war jene von John Steinbeck wie von William
Faulkner gleichermaßen hochgerühmte junge Frau, deren
frühvollendetes Debüt »The Heart Is a Lonely Hunter«
Klaus Mann seiner »sonderbaren Mischung aus Raffine-
ment und Wildheit, Morbidezza und Naivität« wegen bewunderte? Wer jenes auf Bildern stets zerbrechlich und ein
wenig verloren anmutende Geschöpf, das unter Stirnfran-
sen und mit großen traurigen Augen in die Kamera blickt,
und mit Romanen wie »Reflections in a Golden Eye« oder
»Clock without Hands« als nicht mal Dreißigjährige literarischen Weltruhm erlangte?

Lula Carson Smith wird am 19. Februar 1917 in Columbus im amerikanischen Bundesstaat Georgia geboren. Der Vater, Lamar Smith, stammt aus einer französischen Hugenottenfamilie und ist, wie der Vater von Mick Kelly in »The Heart Is a Lonely Hunter« oder der Vater von Frankie Addams in »The Member of the Wedding«, Uhrmacher und Juwelier. Die Mutter entstammt einer schottisch-irischen Einwandererfamilie.

Früh entdecken die Eltern Carsons außergewöhnliche musikalische Begabung und schenken ihrer Tochter ein Klavier, auf dem sie später immer wieder ihr Lieblingsstück, Franz Liszts »Zweite Ungarische Rhapsodie«, spielt. Bald entdeckt sie ihre Liebe zur Literatur; in der elterlichen Bibliothek machte sie mit Jules Vernes »Zwanzigtausend Meilen unter dem Meer« ihre erste Leseerfahrung. Regelmäßig verwandelt sie – so Erinnerungen ihrer Schwester und späteren Nachlaßverwalterin Margarita G. Smith – das Wohnzimmer der Familie in einen Theatersaal. Hier inszeniert sie als Fünfzehnjährige Stücke, in denen stets dieselbe Besetzung auftritt: ihre sechs Jahre jüngere Schwester Margarita, ihr drei Jahre jüngerer Bruder Lamar und natürlich sie selbst in der Hauptrolle. Auf dem Programm stehen Shakespeare und andere Klassiker. Dann wieder sitzt sie Nachmittage lang über einem Fünf-Cent-Buch Marke »Big Chief«, in das sie erste Entwürfe für eigene Dramen notiert.

Immer konsequenter beginnen sich ihre schriftstellerischen Ambitionen gegen ihre musikalischen Neigungen durchzusetzen. Ihre Schwester Margarita erinnert sich:

Als Carson sechzehn Jahre alt war, schrieb sie ihren ersten Roman (ich glaube, sie nannte ihn »A Reed of

Pan« – das Manuskript existiert nicht mehr). Ich erinnere mich, daß es damals ihr Traum war, nach New York zu gehen, und daß sie Geld verdiente, indem sie vor einer Gruppe von Mutters Freundinnen eine Reihe Vorlesungen über die Würdigung der Musik gab. Sobald sie in der Großstadt war, gab sie die Musik als zukünftige Laufbahn auf und konzentrierte sich auf ihre zweite Begabung, das Schreiben. Sie studierte bei Sylvia Chatfield Bates und später bei Whit Burnett, der mit Martha Foley zusammen die berühmte Zeitschrift »Story« herausgab. Sie schrieb ständig weiter …

Nachdem sich die eben achtzehnjährige Carson entschlossen hat, ihre musikalischen Ambitionen fallenzulassen, schlägt sie sich als Sekretärin, Kellnerin und Klavierspielerin in Gymnastik-Schulen durch. Abends belegt sie Kurse an der Columbia Universität: sie studiert Philosophie und *Creativ writing*.

Ähnlich Sylvia Plath, die Jahre später ebenfalls als eine Art Wunderkind galt und bereits im Alter von siebzehn Jahren Gedichte und Stories publizierte, veröffentlicht sie, Mitte der dreißiger Jahre gerade mal zwanzigjährig, ihre ersten Stories.

1936 druckt die renommierte Literaturzeitschrift »Story«, in der auch Jerome D. Salinger, Truman Capote, Norman Mailer oder Graham Greene ihre ersten Geschichten publizierten, ihre Erzählung »Wunderkind« unter ihrem Mädchennamen Smith und öffnet so das erste Kapitel ihrer literarischen Karriere. Die Erzählung beschreibt einen Nachmittag im Leben des fünfzehnjährigen Mädchens Frances, das seinem Klavierlehrer Bilderbach Liszts »Zweite Ungarische Rhapsodie« vorspielt. Schmerzhaft führt die

Schülerin sich und ihrem Lehrer an jenem Nachmittag vor Augen, nicht jene große Pianistin werden zu können und nicht jenes »Wunderkind« zu sein, das alle – insbesondere ihre Eltern – in ihr zu sehen glaubten.

Und schon diese Geschichte enthält bereits die wesentlichen Merkmale der späteren McCullersschen Prosa: ein bildhaftes, bisweilen symbolistisch aufgeladenes Schreiben im Zeichen falscher Vorstellungen, Hoffnungen und Wünsche des einzelnen und der Schmerzen, unter denen alles zerbricht.

> Sie wollte den nächsten Satz mit verhaltener Auflehnung beginnen lassen und allmählich zu einem tiefen, wachsenden Kummer vorrücken. Ihr Gefühl sagte ihr das. Doch ihre Finger schienen wie schlaffe Makkaroni an den Tasten zu kleben, und sie konnte sich das Stück nicht mehr so vorstellen, wie es gemeint war.

Psychologisch genau schildert diese frühe Erzählung die Zerstörung eines Trugbildes, eines falschen Traums, und die damit einhergehende, womöglich lebenslange Entmutigung.

Traurige Wirklichkeit und sprachliche Schönheit drängen in dieser ebenso nüchternen wie doppelbödig gearbeiteten Geschichte erstmals anschaulich gegeneinander. Zusätzlich erhält jede Figur ihre eigene, unverwechselbare und das Gegenüber konterkarierende »Stimme« und Klangfarbe. Das Resultat ist eine vielschichtige Rollenprosa, deren Grundstimmung stets geprägt ist von Gebrochenheit und Verunsicherung. Spätere Geschichten wie »The Jockey«, »The Sojourner« und »Who Has Seen the Wind?« werden allesamt diesem Stilprinzip folgen.

Mit ihren Romanen hat sich Carson McCullers früh eingeschrieben in jenen Kreis von Autorinnen und Autoren, der heute den Kanon der zeitgenössischen amerikanischen Literatur ausmacht. Und die Romane sind es vor allem, welche ihr den Ruf des früherleuchteten Mädchens einbringen, der noch heute Bestand hat: vier kapitale Prosaarbeiten, die gleichsam die Legende von der weltberühmten Unbekannten mitbegründen, und deren eigentümliche Strahlkraft sie schließlich bis an die Schwelle des Nobelpreises führt.

Im Schatten ihrer Romane aber ist noch ein anderes, weit weniger bekanntes Œuvre entstanden: das ihrer irrlichternden Short Stories, ihrer stilbildenden Kurzgeschichten, Vignetten, Prosa-Snapshots. Aus ihnen entspringt die, ihre sämtlichen Romane wie eine dunkle Aorta durchpulsende, immer neu kunstvoll ins Epische überführte Traurigkeit. Sie lesen sich wie Vorstudien all ihrer später stimmig und überzeugend aufs Papier gebrachten Romancharaktere. Die Stories – der eigentliche Quell- und Urstoff ihres Erzählens also?

Zweifellos markieren ihre in den Erzählbänden »Wunderkind« und »Madame Zilensky and the King of Finland« versammelten, zwischen 1942 und 1971 in den USA publizierten Stories nach Stephen Crane, Sherwood Anderson oder Henry James Höhepunkte der neueren amerikanischen Kurzgeschichte. Dabei erweisen sich diese bisweilen im Gestus eines Anton Tschechow daherkommenden Geschichten wiederholt als messerscharfe Eins-zu-Eins-Abbildungen eines sogenannten »normalen« Lebens. Ihre irritierende, ja verstörende Wirkung erzielen sie, indem sie im vermeintlich Beiläufigen, Nebensächlichen eine ganze Existenz zu umreißen vermögen.

Carson McCullers' Kurzgeschichten handeln von den schäbigen, kleinen und zumeist unspektakulären Apokalypsen, die sich im Nebeneinander der Lebensläufe ereignen. All ihre mit bestechender Plastizität gezeichneten Figuren leiden – wenn auch zumeist unbewußt – an der Tristesse und Leere ihres Daseins. Sie bewegen sich im Windschatten ihrer Träume, Hoffnungen und Illusionen und vermögen doch nur selten die Distanz zu verringern, die zwischen ihnen und diesen liegt.

Schauplatz vieler ihrer Stories ist – neben den Südstaaten – auch die Großstadt New York, dieser urbane Hexenkessel, in welchem die Figuren ihr Nischenleben »ableben«, wie etwa in dem Stück »Court in the West Eighties«. Auf gerademal elf Seiten breitet die Autorin die ganze Verlorenheit einer für einen Sommer lang zusammengewürfelten Hinterhofgemeinschaft aus. Dabei macht sie uns zu den Atem anhaltenden Beobachtern jener feinen Risse und Verwerfungen des Alltags, die sich in jedem Aufeinandertreffen und Einanderverfehlen ihrer Figuren immer neu offenbaren. Oszillierend zwischen finsterster Tragödie und einem gelegentlich aufleuchtenden, düster-grimmigen Humor gewinnen so all ihre Stories einen grundexistentiellen Gestus.

Enthüllt werden die Trümmer einer angeblich auf Vernunft und Sprache sockelnden Gesellschaft, die für den einzelnen nur noch vorgefertigte und unannehmbare Lebensentwürfe bereithält. Wer aus diesen Mustern auszubrechen sucht, eigene Wege beschreiten will, wird – und das illustriert die Autorin immer neu – zwangsläufig straucheln, scheitern. Dabei gelingt es ihr gleichsam, das Heroische des Aufbegehrens ihrer Figuren herauszuarbeiten. So werden ihre designierten Verlierer am Ende trotz oder wegen ihres

Scheiterns zu rebellischen Helden. Sie entwirft Charaktere wie den Jockey Bitsy Barlow, der in dem Stück »The Jockey« erkennt, daß die vermeintliche Vernunft seiner Mitmenschen nichts als Gefühllosigkeit und Stumpfsinn ist; Geschöpfe wie Madame Zilensky, die sich in der Erzählung »Madame Zilensky and the King of Finland« vor der langweiligen Einförmigkeit ihres Lebens in abstruse Tagträume flüchtet.

Wir begegnen Menschen, die sprachlos im Stillen leiden, und deren kleine Fluchten oftmals im Absurden, im Abseitigen enden; kleinen Opfern, die im Wechsel der Worte häufig nurmehr beharrlich aneinander vorbeizureden vermögen.

Dabei zeigt Carson McCullers, daß die Rettung vor einem eintönigen, bis zur bloßen Animalität stumpfen Leben stets der Phantasie, den Träumen oder dem Ehrgeiz entspringt; eine Rettung freilich, die zugleich auch die größte Gefahr für den einzelnen darstellt, denn sie macht ihn anfälliger und verwundbarer als zuvor. Aus der Diskrepanz von Wunsch und Wirklichkeit beziehen die Figuren der Carson McCullers ihre Tragik. So etwa der Schriftsteller Ken Harris in »Who Has Seen the Wind?«, der in seiner Verzweiflung zuletzt nicht mehr in der Lage ist, zwischen der Realität und der gefahrvollen Irrealität seiner Hirngespinste zu unterscheiden.

Mit dem Begriff »Imitations of Life« ließe sich umreißen, was Carson McCullers in all ihren Kurzgeschichten und Short Cuts anvisiert; Inszenierungen, Nachstellungen vorgefundenen »Lebensmaterials«, das sie jedoch regelmäßig auf die schlimmstmögliche Weise zuzuspitzen sucht.

In dem Text »Der blühende Traum. Notizen über das Schreiben« notiert die Autorin dazu:

Die meisten meiner Stoffe basieren auf dem Thema der seelischen Vereinsamung. Mein erstes Buch handelte fast ausschließlich davon, und seitdem mehr oder weniger alle meine anderen Bücher. Liebe, und besonders die Liebe zu einer Person, die unfähig ist, sie zu erwidern oder zu empfangen, ist der Grund für meine Auswahl grotesker Gestalten, über deren seelische Vereinsamung ich schreibe – Menschen, deren körperliches Gebrechen ein Symbol für ihre seelische Unfähigkeit ist, zu lieben oder Liebe zu empfangen.

Schon als junges Mädchen sind es die Typen, die Käuze, die sie anziehen; Menschen, die querliegen zum sogenannten normalen Leben, und in deren Behinderungen, in deren Außenseitertum sich die ganze geistige Enge des *american way of life* offenbart.

Bereits ein frühes, unter dem noch übermächtigen Einfluß von Eugene O'Neill entstandenes Theaterstück umreißt exemplarisch ihr zukünftiges Thema, wenn die Eröffnungsszene des Dreiakters über Rache, Inzest und Mord von einem Blinden, mehreren Idioten und einer hundert Jahre alten Frau bestritten wird. Denn in vielen ihrer später nachfolgenden Romane und Geschichten wird sich das Personal aus ähnlich gelagerten »Typen« rekrutieren – aus Versprengten, Vereinsamten und Behinderten.

Kunstvoll vermißt sie sich vor dem Leser auftuende Seelenlandschaften. Drei, vier genau gesetzte Wendungen, und diese mit sparsamen Schnitten operierende Vivisekteurin macht das Dräuende, das Unmenschliche und nicht selten Monströse hinter der Fassade des Vertrauten sichtbar.

Carson McCullers' Geschichten handeln von alltäglichen Menschen in alltäglichen Situationen: Ein Mann kommt in

16

der Episode »A Domestic Dilemma« von der Arbeit nach Hause und schickt seine betrunkene Frau ins Bett, um vor den Kindern den Schein ihrer nur noch auf dem Papier intakten Ehe zu wahren; in der frühen Geschichte »Sucker« mißachtet ein seiner Egozentrik erliegender Junge seinen einsamen jüngeren Bruder Sucker solange, bis ihm in diesem zuletzt ein Todfeind erwächst.

> Am meisten wünsche ich mir, daß ich wieder meine innere Ruhe hätte. Und mir fehlt, wie Sucker und ich eine Zeitlang zusammen waren – auf eine so komischtraurige Art, die ich vorher nie für möglich gehalten hatte. Aber jetzt ist alles so anders, daß mir einfach gar nichts einfällt, wie ich's wieder in Ordnung bringen könnte. Manchmal habe ich gedacht, es würde helfen, wenn wir's in einem Boxkampf austragen würden. Aber ich kann nicht mit ihm kämpfen, weil er vier Jahre jünger ist als ich. Und dann ist da noch was anderes: manchmal läßt mich der Ausdruck in seinen Augen glauben, wenn Sucker könnte, würde er mich umbringen.

Carson McCullers macht uns regelmäßig zu Beobachtern eines plötzlich stellvertretend, ja allgemeingültig werdenden Schicksals, dem sie durch die Art ihrer Darstellung etwas Dunkles und nicht selten Gewaltiges verleiht. Dabei gibt sich die Autorin indes nie klüger als ihre Protagonisten, Sprache und Reflexionsgrad scheinen ihnen stets gemäß. Sie verweigert sich konsequent jeder angestrengten Künstlichkeit; ohne jede akademische Strenge rückt so die von ihr anvisierte Gegenwart klar und unverstellt in den Blick.

Darüber hinaus formulieren all ihre Geschichten auch die

Zweifel an den Aussagemöglichkeiten der Sprache selbst mit. Das Resultat sind Erzählungen über Menschen, deren Schweigen die gesprochenen Worte oftmals schmerzhaft übertönt. Dabei suggerieren ihre Geschichten mehr, als sie aussprechen oder erklären. So heißt es gegen Ende der Geschichte »The Jockey«:

> Er ging wieder in den Speisesaal und zum Tisch, an dem die drei Männer saßen, aber er setzte sich nicht. »Nein, das darf ich wohl nicht annehmen, daß ihr Gedächtnis so genau ist und so weit zurückreicht«, sagte er. Er war so klein, daß ihm die Tischkante fast bis zum Gürtel ging, und als er die Ecke des Tisches mit seinen sehnigen Händen umklammerte, brauchte er sich nicht zu bücken. »Nein, ihr seid viel zu sehr damit beschäftigt, das Dinner in euch reinzuschaufeln. Ihr seid zu…«
>
> »Nein wirklich!«, bat Sylvester. »Du mußt dich vernünftig benehmen!«
>
> »Vernünftig! Vernünftig!« Über das graue Gesicht des Jockeys flog ein Zittern, dann erstarrte es zu einem gemeinen, versteinerten Grinsen… Seine Hand langte nach der ihm zunächst stehenden Schüssel, und mit betonter Gebärde stopfte er sich ein paar von den Pommes frites in den Mund. Er kaute sie langsam und mit in die Höhe gezogener Oberlippe; dann drehte er sich um und spuckte den Mundvoll Brei auf den weichen roten Teppich, der den Boden bedeckte.

Mit ihren aussparenden, allein auf das Wesentliche konzentrierten Erzählungen und Romanen hat Carson McCullers Anfang der vierziger Jahre einen aufregend neuen symbolistischen Realismus begründet.

Wiederholt eröffnen vor allem die Erzählungen immer wieder tiefe Einblicke in das hinter den Sätzen parallel mitverlaufende Leben der Autorin. Ihr Hang, einem offenen Geheimnis gleich, an den Rückseiten der eigenen Biographie entlang zu erzählen, mündet dabei bisweilen im Detail.

In ihrem Roman »The Heart Is a Lonely Hunter« schafft sie sich mit der Figur der heranwachsenden Mick Kelly, deren Vater ebenfalls Uhrmacher und Juwelier ist, gar eine Art Alter ego, ein frühes Selbstbildnis. Auch Mick möchte – wie ursprünglich ihre Schöpferin – Musikerin werden, und auch sie scheitert an den finanziellen Gegebenheiten.

Selbst ihr ureigenes Verhältnis zur Sprache hat sie ihrer Figur zugeschrieben, denn auch für Mick haben die Worte die verzaubernde Kraft sekundenlanger Erlösung: So wird ihr etwa das Wort »Schnee« unversehens zur Metapher für Fernweh und Sehnsucht, denn tatsächlich hat die junge Carson den ersten Schnee ihres Lebens als Studentin in den Straßen New Yorks gesehen. Für Mick wie auch für ihre Schöpferin erschließen sich über selbstproduzierte Sprachbilder immer neue Phantasiewelten; Orte der Imagination, die in ihrem scheinbar idyllischen Charakter immer zugleich aber auch etwas Zerbrechliches, ja Bedrohtes evozieren.

Mitte der dreißiger Jahre macht ein Freund die junge Autorin mit Reeves McCullers bekannt, einem ebenfalls aus Georgia stammenden jungen Mann, der als Soldat im nahe gelegenen Fort Benning dient; ein 23jähriger, zwischen militärischer Karriere und eigenen schriftstellerischen Ambitionen lavierender Träumer, den sie 1937 heiratet: eine Beziehung, die von Anfang an geprägt ist von Mißgunst, Zweifel und seinem ständigen Gefühl intellektueller Unterlegenheit. Das junge Paar zieht nach North Carolina, wo Reeves als Kreditmanager arbeitet, während Carson die Arbeit an ihrem ersten Roman aufnimmt. Hier erkrankt sie erstmals: sie bekommt rheumatisches Fieber, das man fälschlicherweise als Tuberkulose behandelt. Die Folge – so wurde später vermutet – ist ein schwerer Herzschaden, die Ursache ihrer späteren Schlaganfälle.

Zum ersten Mal fällt ein Tiefpunkt körperlicher Verfassung mit einem schriftstellerischen Höhepunkt zusammen: es entsteht der erste Entwurf eines Manuskripts, dem sie den Titel »The Mute«, »Der Stumme«, gibt. Auf Vermittlung des Romanciers William March entschließt sich der Verlag Houghten Mifflin zu einem Manuskriptvorschuß von 1500 Dollar. Während der Niederschrift des Buches notiert sie:

> Ein ganzes Jahr über arbeitete ich an diesem Buch, und ich verstand es überhaupt nicht. All die Charaktere waren da, und sie redeten alle zu diesem Mann – aber ich wußte nicht, warum sie alle zu ihm sprachen. Dann eines Tages, nach sehr harter Arbeit an dem Roman, den ich noch immer nicht begriff, ging ich im Flur auf und ab, da plötzlich überkam es mich, daß Harry Minowitz (sein Name) ein Taubstummer ist, und im selben Augenblick änderte ich den Namen in John Singer. Der Brennpunkt des Romans stand plötzlich fest…

Im Jahr 1940 ist Thomas Wolfes Roman »Es führt kein Weg zurück« in den USA in die Buchläden gelangt, ebenso Ernest Hemingways Buch »Wem die Stunde schlägt«. Gleichzeitig erscheint Carson McCullers' erster Roman unter dem geänderten Titel »The Heart Is a Lonely Hunter«. Gerade mal zweiundzwanzig Jahre alt betritt sie spektakulär die literarische Bühne Amerikas. Der Erstling macht sie über Nacht berühmt und markiert gleichsam die Geburtsstunde des »poetischen Realismus des Südens«.

Es ist die ihr nur allzu vertraute Kleinstadtwelt des amerikanischen Südens, die Szenerie bizarrer Armenviertel und heruntergekommener Bars, in der sie ihre Geschichte um den taubstummen jüdischen John Singer anlaufen läßt: hypnotisch und wie in Trance, jeder Satz, jede Wendung ein Schritt weiter, tiefer hinein in das dunkle Herz des Südens. Singer hört nicht, was die anderen ihm anvertrauen, liest aber von ihren Gesichtern die Gefühle ab – und leidet wortlos mit ihnen. Ein dunkles Geheimnis liegt über allem, was er tut; Singer ist ein mundtoter Zaungast in einer Welt, deren Bewohner sich hassen, und täglich bis aufs Blut bekämpfen. Er wird zum Beobachter eines Schauspiels, zum Spiegel seelisch Verkrüppelter und Frühverzweifelter. All sein Mitfühlen gleicht dabei vergeblichen Versuchen, sich verständlich zu machen in einer verständnislos gewordenen Welt. Singer fühlt und denkt in einer Zeichensprache, die allein sein Freund, der ebenfalls taubstumme Antonapoulos, versteht. Als der tumbe, freßgierige Grieche in der Irrenanstalt landet, fährt Singer zu ihm, nimmt Urlaub und verbringt seine Zeit mit ihm. Nichts scheint diese fast magische Beziehung zerstören zu können; doch als Singer ein Jahr später erfährt, daß sein Freund gestorben ist, fährt er nach Hause, geht in sein Zimmer – und erschießt sich:

> Nachdem er sich ausgeruht hatte, trank er ein Glas eisgekühlten Kaffee, dazu rauchte er eine Zigarette. Dann säuberte er Aschenbecher und Glas, zog die Pistole aus der Tasche und schoß sich eine Kugel ins Herz.

Das Verhältnis der beiden Taubstummen markiert zweifellos den innersten Kern des wie eine Bachsche Fuge konzipierten, streng zwischen Prosa und Musik oszillierenden Romans. Schritt für Schritt aber läßt die Autorin einen Kreis von Menschen um ihre beiden stummen Akteure erstehen: etwa den schwarzen Arzt Copeland, der bis zuletzt um die Liebe seiner eigenen Kinder ringt und am Ende schwindsüchtig mitansehen muß, wie diese schlechtbezahlte Dienste bei Weißen annehmen; oder den ewig betrunkenen Jake Blount, der zuletzt gegen sein Schicksal zu rebellieren beginnt, und an einer Stelle des Romans stellvertretend bekennt: »Ich bin ein Wissender. Ich bin ein Fremdling im eigenen Land.«

Und wir begegnen dem Kneipenwirt Biff Brannon, der Kindern und Kranken aus Mitleid Waren zum halben Preis abkauft. Doch vor und hinter allem: das halbwüchsige, dem eigenen Ich der Autorin nachgebildete Mädchen Mick Kelly, das Mozart und Beethoven auf einem alten Grammophon abspielt und schließlich selbst zu komponieren beginnt – innere Melodien, die niemand außer ihr zu hören vermag. Wir lernen eine Handvoll mit der Kraft der Empörung aufs Papier geworfene Charaktere kennen – so exemplarisch und auf eine Weise anrührend gezeichnete Wesen, daß man sie – hat man sie einmal kennengelernt – nicht wieder vergißt.

In privaten Konflikten, die zeigen, wie unmenschlich es ist, sich mit einer als umfassend empfundenen Sinnlosigkeit abzufinden, spiegelt sich eine Gesellschaft, die nicht einmal mehr die Fiktion einer Geborgenheit zu produzieren vermag. Doch was mit Erscheinen dieses Romans die öffentliche Geburtsstunde einer Jahrhundertautorin beglaubigt, das erweist sich aus heutiger Sicht gleichsam als Vorabend einer ersten physischen Katastrophe. 1941 – soeben war ihr zweiter, kleinerer und später von John Huston mit Marlon Brando und Elisabeth Taylor verfilmter Roman »Reflections in a Golden Eye« erschienen – erleidet sie den ersten von insgesamt drei Schlaganfällen. Erstmals spürt sie schmerzvoll die Grenzen ihrer Leistungsfähigkeit, die Fragilität ihrer angegriffenen Gesundheit. Fortan ist ihr Leben und Schreiben gezeichnet von Krankheit und Leiden und zusätzlich belastet von ihrer verfahrenen Ehe mit Reeves McCullers, von dem sie sich Ende 1940 scheiden ließ.

Das Schreiben freilich entwickelt sie – gegen alle Behinderungen und Rückschläge – stetig weiter in seinem längst genuinen, unverwechselbaren Gestus; seiner unterschwelligen Dramatik, die ein Zittern oder Beben zwischen und hinter den Sätzen auszeichnet. Ein Schreiben, das davon lebt und seine so ganz eigene Spannung daraus bezieht, daß es den Blick oder die Aufmerksamkeit auf Dinge, Zustände und Zusammenhänge, vor allem aber auf Charaktere zu lenken versteht, die man zuvor für völlig nebensächlich hielt. So etwa die Figur des John Ferris, der in der Geschichte »The Sojourner« per Zufall noch einmal seiner früheren Frau Elizabeth über den Weg läuft und schlagartig erkennen muß, wie leer und inhaltslos sein Leben seit der Trennung von ihr verlaufen ist. Das in der neuen Familie seiner Frau miterlebte Glück verweist ihn grausam auf die innere Leere seines Lebens.

Wiederum Entsetzen, Erkenntnis vergeudeter Jahre und Tod. Valentin kuschelte sich noch in seine Arme, war schmiegsam und zutraulich. Seine Wange berührte die weiche Kinderwange, und er spürte das Streicheln der feinen Wimpern. Voll innerer Verzweiflung preßte er das Kind an sich – als ob ein so wandelbares Gefühl wie seine Liebe den Pulsschlag der Zeit beeinflussen könnte.

In seinem Vorwort zu einer späteren Ausgabe von »Reflections in a Golden Eye« schreibt Tennessee Williams 1950:

> »Reflections in a Golden Eye« ist ein zweiter Roman, und obwohl seine Würdigung während der Jahre nach seinem ersten Erscheinen ständig zugenommen hat, wurde er damals irgendwie als enttäuschend empfunden, wie es bei zweiten Romanen gewöhnlich ist. Wenn das Buch, das einem zweiten Roman vorausgeht, großen Beifall gefunden hat wie »The Heart Is a Lonely Hunter«, neigen Kritiker dazu, mit ihrem Wohlwollen zu sparen – eine schon fast automatische und gewohnte Tendenz, daß sie beinahe als Naturgesetz gelten kann. Doch die Gründe für das Versagen, diesen zweiten Roman gerecht zu beurteilen, übersteigen das Maß der gewöhnlichen, vorübergehenden Schädigung, die alle zweiten Romane erleiden müssen, und ich habe das Gefühl, daß diesen Gründen nachzugehen vielleicht zweckdienlich für die Absicht ist, eine neue Wertung vorzuschlagen. (...) Der erste Roman hatte eine Tendenz, an gewissen Stellen den Rahmen zu sprengen, als hätte die junge Schriftstellerin ihre Virtuosität noch nicht ganz unter ihre Kontrolle bekommen. Doch in ihrem zweiten Roman findet sich eine absolute Meisterschaft der Anlage. (...) Scharfsinnige Kritiker hätten gerade diesen Roman als das Gegenteil einer Enttäuschung empfinden sollen, nachdem er das eine Attribut sichtbar gemacht hat, welches in Car-

son McCullers' erstaunlicher Fülle von Begabungen noch gefehlt hat: die Fähigkeit, einen jugendlichen Lyrismus zu überwinden.

Und tatsächlich ist die amerikanische Kritik zu dem novellistischen Roman bei seinem Erscheinen 1941 auf Distanz gegangen. Einige Rezensenten machen in der Geschichte um einen Mord einen zu großen Einfluß von Faulkner aus. Doch schon zu Beginn des Romans beweist die Autorin gegen alle Einwände mit einem klassisch anmutenden Intro ihre ganze kompositorische Meisterschaft:

> Eine Garnison in Friedenszeiten ist ein langweiliger Ort. Es geschieht wohl hin und wieder etwas, aber fast immer das gleiche, und die bloße Anlage einer Festung genügt, diese Eintönigkeit noch zu steigern. (…) Es gibt in den Südstaaten eine Festung, wo vor einigen Jahren ein Mord geschah. An dieser unglücklichen Begebenheit waren beteiligt: zwei Offiziere, ein Soldat, zwei Frauen, ein Filipino und ein Pferd. Der beteiligte Soldat hieß Ellgee Williams.

Erzählerisch konsequent mündet diese Personenkonstellation in einen Stoff, der mit allegorischer Tiefe einmal mehr den tagtäglichen Kampf des Menschen gegen seinesgleichen beschwört – inszeniert als ein Kreislauf fataler Abhängigkeiten und brutaler Hierarchien in latent neurotischer Atmosphäre.

Noch im selben Jahr beginnt McCullers die Arbeit an jenem Buch, das nach fünfjähriger Schreibtätigkeit 1946 bei Houghton Mifflin unter dem Titel »The Member of the Wedding« erscheint. 1951 legt der Verlag Scherz & Goverts in Stuttgart die erste deutsche Übertragung unter dem Titel

»Das Mädchen Frankie« vor. Wohl nicht zu Unrecht versteht man heute die jugendliche Heldin des Buches als weibliches Pendant und Vorwegnahme von Jerome D. Salingers berühmtem Helden Holden Caulfield, jenem längst unsterblich gewordenen, zwischen Kindheit und Erwachsenwerden lavierenden »Fänger im Roggen«.

Auch mit der weiblichen Adoleszenzgeschichte der zwölfjährigen Frankie, die in drei Tagen erleben muß, wie sich die Welt für sie verändert, indem sie die Erfahrung des Schmerzes und der existentiellen Einsamkeit machen muß, findet die zu diesem Zeitpunkt neunundzwanzigjährige Autorin einmal mehr zu »ihrem« Thema. Illustriert wird die tief brennende Sehnsucht dazuzugehören zu einer Welt, die fremd und unbetretbar erscheint. Doch als Frankie auf der Hochzeit ihres Bruders miterleben muß, wie dieser von einer fremden, noch dazu nicht einmal viel älteren Frau entführt wird, spürt sie in ihrem Unverständnis nur umso stärker ihr ganzes unseliges Ausgeschlossensein.

Es geschah in jenem grünen und verrückten Sommer, als Frankie zwölf Jahre alt war. Es war jener Sommer, wo sie ganz allein war. Sie gehörte zu keinem Klub, noch zu sonst etwas auf der Welt. Sie war ohne Freunde, trieb sich in der Stadt herum und fürchtete sich. (…) Jeden Nachmittag schien die Welt zu sterben, und nichts bewegte sich. Zuletzt war der Sommer nur noch ein kranker, grüner Traum und wie ein stummer unwirklicher Dschungel unter einer großen Glasglocke. Und dann, am letzten Freitag im August, wurde alles anders – und zwar so plötzlich, daß Frankie den ganzen langen Nachmittag daran herumrätselte und am Ende doch nichts begriff.
»Es ist so seltsam«, sagte sie, »wie alles so geschehen ist.«

Vor allem »The Member of the Wedding«, Carson McCullers' dritter Roman, offenbart anschaulich die untergründige Vernetzung, die Entsprechungen zu ihren früheren, vorangegangenen Romanen. Wieder liefert ihre Heimatstadt Columbus in Georgia die erzählerische Hintergrundkulisse; auch Frankies Vater arbeitet als Juwelier und Uhrmacher, und so gesehen erscheint Frankie selbst wie eine literarische Spiegelung oder ein Zwillings-Ich zu Mick Kelly, der Göre im »Lonely Hunter« – und zur Autorin selbst.

»The Member of the Wedding« wird Carson McCullers' größter Erfolg; das Publikum liebt das zornig-widerborstige Mädchen. Auf den Rat von Tennessee Williams erstellt die Autorin eine Bühnenfassung ihres Romans, die vier Jahre später mit über fünfhundert Aufführungen den Broadway erobert. Die Kritik feiert das Stück enthusiastisch, eine Verfilmung ist die Folge.

Nur ein Jahr später erreicht ihre gesundheitliche Situation den absoluten Tiefpunkt: Im Juni dieses Jahres führen schwere Schlaganfälle zu halbseitigen Lähmungserscheinungen, im Dezember überführt man sie in ein New Yorker Krankenhaus. Carson McCullers ist zu diesem Zeitpunkt erst neunundzwanzig Jahre alt. Die Krankeit schreitet weiter fort. Längere Zeit ist ihr das Schreiben unmöglich; ihre letzten Arbeiten wird sie später in ihrem großen Landhaus in Nyack mit einem Finger in die Schreibmaschine tippen.

Mit ihrer poetischen Sensibilität und ihrer ausgeprägten Fähigkeit zur Innenschau gehört Carson McCullers zu der Riege jener jüngeren nachrückenden US-Autoren, die um Jerome D. Salinger, Truman Capote oder William Goyen zu Beginn der vierziger Jahre die literarischen Diskussionen und Diskurse bestimmen.

Dabei kreisen all die von ihr als »groteske Gestalten« bezeichneten Figuren im Innersten stets um das eigene Selbst der Autorin. Gerade in deren persönlichem Unglück scheint sie die Figuren zu lieben, in ihrem Schmerz und ihrer Verzweiflung. Doch nicht von Mitleid sind ihre Prosastücke durchdrungen, sondern von Mit-Leidensfähigkeit, von Empathie. Ihre Solidarität mit den Gescheiterten überträgt sich unweigerlich auf den Leser, und ihre Prosa entfaltet so einen magischen Zauber. Zudem schreibt sie in einer Sprache bar jeden überflüssigen Beiwerks, gefühlvoll, ohne je ins Kitschige oder Klischeehafte abzugleiten.

Bevölkert von immer neu Enttäuschten, erscheint die Welt der Carson McCullers als Hort umfassender Verwundung. Über jeder von ihr niedergeschriebenen Zeile liegt eine Schwermut, mitfühlend und erbarmungslos dunkel zugleich.

Exemplarisch führt sie dies in der meisterhaften, 1956 in dem US-Magazin »Mademoiselle« erstveröffentlichten Erzählung »Who Has Seen the Wind?« vor, in der sie einige Tage aus dem Leben des in eine schwere Schreibkrise abgerutschten Schriftstellers Ken Harris erzählt.

Ein Stück zeitloser Kurzprosa, das mit bohrender Intensität den von Selbstbetrug und Verzweiflung begleiteten Niedergang eines Schriftstellers nachzeichnet. Schicht um Schicht wird das Innerste einer zerrissenen Seele freigelegt – verdichtet zu einem Stück psychologischer Literatur, das dort seine gleichwohl traurigen Triumphe feiert, wo es den Einzelnen als Gefangenen seiner selbstgeschaffenen Umstände zeigt. Insbesondere diese, die Härte des Daseins schonungslos offenlegende Erzählung unterstreicht im kleinen, was der Schriftsteller Martin Walser – die Autorin insgesamt betreffend – einmal wie folgt formuliert hat: »Es gibt Schriftsteller, die erfinden große Grausamkeiten, um unseren Zustand zu schildern. Das gerät gern ins Schönliche. Carson McCullers verherrlicht nicht. Sie erfindet keine dekorativen Bestien. Sie lenkt nicht ab vom Befund. Sie zeigt: die großen Grausamkeiten sind die alltäglichen.«

1945 hatte sie ein zweites Mal ihren ersten Mann Reeves McCullers geheiratet und war mit ihm nach Paris gezogen; doch diesmal mündet diese Verbindung in der Katastrophe: acht Jahre später, 1953, begeht Reeves in einem Pariser Hotel Selbstmord. Zwei Jahre zuvor war ihre »Ballad of the Sad Café« erschienen, ein Buch, das sich vor dem Hintergrund der McCarthy-Umtriebe und Hetzkampagnen 1951 ausnimmt wie ein Fanal, wie ein trauriger Reflex auf die Wirklichkeit.

Der Band versammelt acht, um die »Ballade« gruppierte Erzählungen, die sich lesen wie ein poetisches Resümee. Inszeniert als tragische Dreiecksgeschichte auf der Bühne einer kleinstädtischen Café-Bar, treibt die »Ballade« ihre Konstellation zwischen Miss Amalia, die die Liebe immer verabscheute, einem Buckligen und dem Zuchthäusler Marvin Macy in allegorische Höhen. Einmal mehr entscheidet auch hier die Liebe über Sein oder Nichtsein, als sich die Café-Besitzerin Amalia – gegen ihre bislang geltenden Überzeugungen und wider alle Vernunft – in einen Buckligen verliebt.

Aus Zuneigung wird bald Haß, und zuletzt zerbricht Amalia an der Erkenntnis, »daß viele es im tiefsten, verborgensten Grunde gar nicht ertragen können, geliebt zu werden.«

Anfang der fünfziger Jahre befindet sich Carson McCullers auf dem Höhepunkt ihres Schaffens. Doch nach Reeves Selbstmord zieht es die Autorin weg von Paris: sie geht zurück nach Amerika, bezieht das Haus ihrer Mutter in Nyack, beginnt mit der einige Jahre dauernden Arbeit an ihrem letzten großen Roman, der Geschichte eines vorweggenommenen Todes »Clock Without Hands«.

Im Jahr 1957 erscheint Jack Kerouacs »On the Road« , die Beat-Autoren Allen Ginsberg, William S. Burroughs, Lawrence Ferlinghetti betreten die Literaturszene Amerikas. Unverändert hell leuchtet der literarische Stern des Mädchens aus Columbus, Georgia. Doch die Person, deren Werk – so William Faulkner »zum besten unserer Zeit gehört«, leidet zusehends unter ihrem angegriffenen gesundheitlichen Zustand. 1958 führen sie Depressionen auch in eine schwere schriftstellerische Krise, sie glaubt, das »Clock Without Hands«-Projekt nicht fertigstellen zu können. Und noch einmal vergehen zweieinhalb Jahre, bis das Buch 1961 schließlich erscheint.

»Wie alle genialen Dichter überzeugt sie uns davon, daß wir im Leben etwas übersehen haben, was ganz offenkundig vorhanden ist. Sie hat das unerschrockene ›golden eye‹«, schreibt der englische Schriftsteller V.S. Pritchett mit Blick auf ihre Geschichten, deren innerster Kern stets der existentialistischen These folgt, wonach das Leben nur zu gewinnen oder zu verlieren ist.

Eindrucksvoll spielt die Autorin diese Annahme in all ihren Stories durch; so auch im Rahmen ihres letzten Romans. Gleich zu Beginn des Buches erfährt der Apotheker Malone, daß ihm aufgrund einer zu spät erkannten Leukämie nur noch wenige Monate zu leben bleiben.

Der Tod bleibt sich immer gleich, doch jeder Mensch stirbt seinen eigenen Tod. Für J. T. Malone begann es so einfach wie alltäglich, daß er eine Zeitlang das Ende seines Lebens für den Beginn einer neuen Jahreszeit hielt. (…) Malone hatte sich seinen eigenen Tod nie anders als in einer zwielichtigen, nicht berechenbaren Zukunft vorgestellt. (…) Sobald er mit dem Arzt allein war, spürte er eine unmittelbare Bedrohung. (…) Er saß schweigend am Schreibtisch und spielte mit einem Papiermesser, starrte es aufmerksam an und ließ es von einer Hand in die andere gleiten. Das seltsame Schweigen empfand Malone als Warnung, und als er es nicht länger ertragen konnte, platzte er heraus: »Der Befund ist da – mir fehlt doch wohl nichts?« Der Arzt wich Malones besorgtem, blau starrendem Blick aus; (…) »Die weißen Blutkörperchen haben sich abnorm vermehrt, ihre Zahl beträgt 208 000!« Der Doktor hielt inne und berührte sein zuckendes Augenlid. »Sie verstehen wahrscheinlich, was das bedeutet?«

Hin- und hergerissen zwischen Horror und Nichtfassenkönnen, zwischen Selbstmitleid und Wut, stößt Malone schließlich auf den hinter seiner Todesangst lauernden, weit größeren Schrecken: die Gewißheit eines im Rückblick als vertan empfundenen Lebens; jenes Thema also, das McCullers bereits zehn Jahre früher in ihrer Geschichte »The Sojourner« ausgestaltet hatte.

In »Clock Without Hands« schließlich hat sich die Autorin durch die Ausgestaltung des Stoffes ihres vierten Romans zuletzt dem eigenen, gefährlich nah gekommenen Tod angenommen. Der Tod, der für sie zeitlebens allgegenwärtig war, wird ein letztes Mal zum großen Gegenspieler: sie zeigt ihn in seiner Grausamkeit, in seiner ganzen finsteren Erlösungsgewalt, wenn ihr Protagonist Malone diesen am Ende als übergreifende, übergeordnete Wahrheit begreift – und annimmt.

Trotz überaus kontrovers geführter Diskussionen rangiert der Roman fünf Monate auf den amerikanischen Bestsellerlisten; ein Erfolg, der für die Autorin überschattet wird von Krankheit und langwierigen Operationen, die ihre Lähmungserscheinungen jedoch nicht beseitigen können. Zudem bricht sie sich bei einem Sturz die Hüfte – bis zu ihrem Tod wird sie an den Rollstuhl gefesselt sein.

Längst jedoch besitzt die schlaksige junge Frau ihren festen, unverrückbaren Platz in der dichtbesiedelten Literaturlandschaft Amerikas. Und nicht wenige sehen in ihr die bedeutendste Erzählerin des Südens.

In all ihren Prosaarbeiten sind es Wissende ohne Hoffnung auf Errettung, die diese Autorin mit der brennenden Inbrunst einer Selbsterlöserin immer neu profiliert; Fremdlinge im eigenen Land, wie es Jake Blount in »The Heart Is a Lonely Hunter« für sich, und damit stellvertretend für all die anderen McCullersschen Figuren konstatiert.

Sie porträtiert Wesen wie Frankie, Mick Kelly und John Singer, die gegen ihre Sehnsüchte und Hoffnungen und vor allen anderen begriffen haben, daß es kein Entkommen gibt aus einem Leben, das im Zeichen von Einsamkeit, Lieblosigkeit und alltäglicher Grausamkeit zirkuliert. Gleichwohl sind all ihre Texte zugleich untergründig durchströmt und getragen von einem, wenn auch oftmals nur zwischen den Zeilen mitgeteilten »Trotzdem«; einem instinktiven Widerstandsgefühl, das sich in der bestechenden Solidarität eines Mädchens ebenso artikuliert, wie im lautlos-poetischen Pochen eines Buckligen auf Menschlichkeit oder in der Stim-

Außergewöhnliche

Bücher

zu

außergewöhnlichen

Frauen

Verlag Neue Kritik

apropos 1
Lee Miller

Mit einem Essay
von Antony Penrose
ISBN 3-8015-0278-3
140 S. mit zahlr. Abb., geb.
DM 25,– / öS 183,– / sFr 25,–

Starmodell, Photographin und Kriegsberichterstatterin. Das aufregende wie rastlose Leben der Lee Miller (1907-1977) ist umrankt von Legenden.

Die junge Amerikanerin zieht es 1929 nach Paris, wo sie Man Rays Modell, Schülerin und Geliebte wird. Während des Krieges arbeitet sie als Photojournalistin für »Vogue«, ihre Bilder und Texte dokumentieren zerstörte Städte und tiefes menschliches Leid.

apropos 2
Leonora Carrington

Mit einem Essay
von Tilman Spengler
ISBN 3-8015-0279-1
140 S. mit zahlr. Abb., geb.
DM 25,– / öS 183,– / sFr 25,–

1917 in England geboren, folgt Leonora Carrington 1937 Max Ernst nach Paris, schließt sich den Surrealisten an, zieht weiter über Südfrankreich, Spanien, New York nach Mexiko, wo sie heiratet, zwei Söhne zur Welt bringt und heute noch lebt.

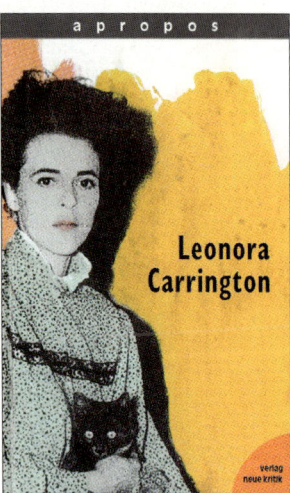

Leonora Carringtons Bilder und Texte dokumentieren ihren rebellischen Anarchismus und die magische Poesie ihrer von Psychoanalyse und Tantrismus beeinflußten Welt.

apropos 3
Edith Stein

Mit einem Essay
von Ursula Hillmann
ISBN 3-8015-0285-6
140 S. mit zahlr. Abb., geb.
DM 25,– / öS 183,– / sFr 25,–

Die aus Breslau stammende Edith Stein (1891-1942) gehörte zum Kreis der Phänomenologen unter Husserl, bei dem sie promovierte und eine Zeitlang Assistentin war.

1922 tritt sie zum katholischen Glauben über. Versuche, sich zu habilitieren, scheitern, zunächst weil sie Frau, dann weil sie Jüdin ist. 1933 entsagt sie dem weltlichen Leben und tritt in den Karmeliterorden ein. Die Philosophin und Pädagogin wird 1942 nach Auschwitz deportiert und dort ermordet.

apropos 4
Helena Rubinstein

Mit einem Essay
von Michaela Wunderle
ISBN 3-8015-0290-2
140 S. mit zahlr. Abb., geb.
DM 25,– / öS 183,– / sFr 25,–

Mit ein paar Cremetöpfchen fing alles an. Als die achtzehnjährige Helena Rubinstein 1890 von Polen nach Australien aufbricht, gibt ihr die Mutter eine Gesichtscreme mit auf den Weg.

Damit beginnt eine rasante Karriere, die sie zu einer der reichsten Frauen der Welt machen wird. Mit der Ernsthaftigkeit einer Wissenschaftlerin arbeitet sie an kosmetischen Innovationen und begründet einen neuen Industriezweig. Sie stirbt 1964 im Alter von über neunzig Jahren.

apropos 11
Sonia Delaunay
Mit einem Essay
von Stefana Sabin
ISBN 3-8015-0316-X
140 S. mit zahlr. Abb., geb.
DM 25,– / öS 183,– / sFr 25,–

apropos 12
Carson McCullers
Mit einem Essay
von Peter Henning
ISBN 3-8015-0317-8
140 S. mit zahlr. Abb., geb.
DM 25,– / öS 183,– / sFr 25,–

Mit 17 Jahren geht sie nach
New York, hält sich mit Gelegen-
heitsjobs übers Wasser und prä-
sentiert 1940, im Alter von 23
Jahren, der literarischen Öffent-
lichkeit den Roman »The Heart
Is a Lonely Hunter«, den Kritiker
mit Werken von Dostojewski
und Faulkner vergleichen.

Sie ssa, Sankt Petersburg,
disc ruhe, Paris sind Stationen
träu em Weg der Künstlerin
rüh a Delaunay (1885-1979). Ihre
Eth nwillige Kombination von
tats traktion und Figuration, Farbe
auf Form (»Simultanéisme«)
pol t nicht nur ihre Malerei, son-
auch Alltagsgegenstände
Gen Textilien.
Juli
am em sie hohe Kunst mit dem
die deren« Geschäft verband,
Am fluße sie nachhaltig Malerei
auf Design des 20. Jahrhunderts.
hing

Der aus den Südstaaten stammenden Carson McCullers (1917-
1967) war eine beschwörende,
fast märchenhafte Erzählweise
gelungen, der sie auch in ihren
folgenden Büchern treu blieb.

apropos 9
Nelly Sachs
Mit einem Essay
von Gisela Dischner
ISBN 3-8015-0309-7
140 S. mit zahlr. Abb., geb.
DM 25,– / öS 183,– / sFr 25,–

Nelly Sachs (1891-1970) steht in der Tradition der Dichter der Moderne, für die Schreiben dichterische Existenz bedeutet. Schon als Kind fühlt sie ihre Besonderheit, die einhergeht mit dem Leiden unter der Fremdheit. 1940 flieht sie vor den Nationalsozialisten nach Schweden.

Erst Anfang der sechziger Jahre setzt sich die Dichterin mit Hilfe einiger Fürsprecher beim Publikum durch. 1966 erhält Nelly Sachs den Literaturnobelpreis.

apropos 10
Jelena Guro
Mit einem Essay
von Eva Hausbacher
ISBN 3-8015-0310-0
140 S. mit zahlr. Abb., geb.
DM 25,– / öS 183,– / sFr 25,–

Die russische Dichtermalerin Jelena Guro (1877-1913) nimmt in der russischen Avantgarde eine eigenwillige künstlerische Position ein. Im Glauben an eine ursprüngliche Identität alles Irdischen und Geistigen sucht sie, die Trennung von Traum und Wirklichkeit, Mensch und Natur aufzuheben.

Seit einigen Jahren gibt es – nicht nur in Rußland – ein zunehmendes Interesse an der früh verstorbenen Künstlerin und ihrem Petersburger Kreis.

apropos 6
Rita Hayworth
Mit einem Essay
von Marli Feldvoß
ISBN 3-8015-0301-1
140 S. mit zahlr. Abb., geb.
DM 25,– / öS 183,– / sFr 25,–

Die Geschichte der aus einer spanischen Tänzerfamilie stammenden Rita Hayworth (1918-1987) ist keine Cinderella-Story, sondern eine Reise in den Untergang. Die große Tänzerin hat mit ihrer betörenden Ausstrahlung um Präsenz und Anerkennung gekämpft.

apropos 5
Ethel Rosenberg
Mit einem Essay
von Stefana Sabin
ISBN 3-8015-0295-3
140 S. mit zahlr. Abb., geb.
DM 25,– / öS 183,– / sFr 25,–

Sie stammte aus dem armen jüdischen Viertel Manhattans und träumte davon, als Sängerin berühmt zu werden. Berühmt ist Ethel Rosenberg (1915-1953) tatsächlich geworden, aber nicht auf der Opern-, sondern auf der politischen Bühne der USA.

Gemeinsam mit ihrem Mann Julius soll sie das Geheimnis der amerikanischen Atombombe an die Sowjetunion verraten haben. Am 19. Juni 1953 wurden sie auf dem elektrischen Stuhl hingerichtet.

Sie war ein Opfer, nicht nur des Star-Systems, sondern auch der kleinsten gesellschaftlichen Einheit, der Familie. Aus der »Liebesgöttin« der vierziger Jahre wurde später die fotogenste Alzheimer-Patientin.

apropos 7
Clara Haskil
Mit einem Essay
von Eike Wernhard
ISBN 3-8015-0303-8
140 S. mit zahlr. Abb., geb.
DM 25,– / öS 183,– / sFr 25,–

Trotz ihres überragenden Talents
wurde Clara Haskil (1895-1960)
jahrzehntelang von den Konzert-
veranstaltern ignoriert, da ihr
schlichtes Spiel nicht der Vorstellung von blendender Virtuosität
entsprach und sie nicht bereit
war, Konzessionen an das Publikum zu machen.

Erst nach dem Zweiten Weltkrieg
gelang der Pianistin der interna-
tionale Durchbruch. Ihr von allem
Pathos entschlacktes Klavierspiel
verkörperte jetzt ein neues musi-
kalisches Ideal.

apropos 8
Mata Hari
Mit einem Essay
von Christine Lüders
ISBN 3-8015-0304-6
140 S. mit zahlr. Abb., geb.
DM 25,– / öS 183,– / sFr 25,–

Sie war Holländerin und ver-
kaufte sich als Exotin aus Indo-
nesien. Phantasie und Realität
vermischte sie gern. Sie tanzte
in den Salons von Paris, Monte
Carlo und Berlin und bezauberte
als Bajadere die Männer mit ihrer
Sinnlichkeit.

Mit Beginn des Ersten Weltkriegs
gerät Mata Hari (1876-1917) in
Verstrickungen gefährlicher Lieb-
schaften auf beiden Seiten der
Front. Im Oktober 1917 wird sie
durch ein französisches Kom-
mando hingerichtet.

Hiermit bestelle ich:

☐ Bitte senden Sie mir Ihr Verlagsverzeichnis.

Absender:

Name

Straße

PLZ/Ort

Datum/Unterschrift

Bitte ausschneiden und in frankiertem Kuvert an Ihren Buchhändler oder die Verlagsadresse schicken.

Verlag Neue Kritik · Kettenhofweg 53 · D-60325 Frankfurt/Main Telefon 069/727576 · Telefax 069/726585

me jenes betrunkenen Alten in der Erzählung »A Tree. A Rock. A Cloud.« aus dem Jahr 1942.

Fern der Lakonie eines Hemingway, den magisch-realistischen Spielereien eines Truman Capote oder dem Pathos eines Thomas Wolfe sind sämtliche Stories der Carson McCullers dominiert von einer allgegenwärtigen Schwermut. Ob die absonderliche »Madame Zilensky«, der »Jockey« in dem gleichnamigen Stück oder die junge Ich-Erzählerin der frühen Episode »Court in the West Eighties«, die am offenen Zimmerfenster hilflos einer zerbrechenden Hinterhofgemeinschaft gegenübersteht: Sie alle laborieren an der Abwesenheit der Liebe, der Uneinlösbarkeit ihrer Utopien.

So gehen all ihre Figuren immer schon vom Ende, vom Scheitern aus, sie, die gleichsam süchtig sind nach Liebe und nach Nähe, nach der Wahrheit ihrer Träume und der Wirklichkeit ihrer Lügen, und die doch nicht bereit sind, sich mit ihrem Schicksal abzufinden. So ersinnt sich der Alte in der Geschichte »A Tree. A Rock. A Cloud.« zuletzt ein System der Liebe, nachdem er die tödliche Mechanik des Scheiterns durchschaut zu haben glaubt:

> »Es ist so. Hör jetzt gut zu! Ich hab über die Liebe nachgedacht und alles herausgefunden. Ich hab begriffen, was wir falsch machen. Männer verlieben sich zum ersten Mal. Und in wen verlieben sie sich?«
>
> Der weiche Mund des kleinen Jungen stand etwas offen; er gab keine Antwort.
>
> »In eine Frau«, sagte der Mann. »Ohne System, ohne die geringste Ahnung machen sie die gefährlichste und heiligste Erfahrung auf Gottes Erden. Sie verlieben sich in eine Frau. Hab ich recht, Kleiner?«

»Ja«, sagte der Junge leise.

»Sie fangen die Liebe an der falschen Stelle an. Sie fangen am Höhepunkt an. Kann man sich da wundern, daß es so jämmerlich ausgeht? (...) Weißt du, wie Liebe anfangen sollte, Kleiner?

Der kleine Junge saß still da und lauschte. Langsam schüttelte er den Kopf. Der alte Mann beugte sich näher heran und flüsterte:

»Mit einem Baum. Einem Felsen. Einer Wolke.«

Immer geht es der Autorin ums Erwachsenwerden oder ums Sterben; um die geheimnisvolle Mechanik der Liebe, um die Streiche, die uns das Unterbewußtsein in Form von Träumen spielt, um den Tod des einzelnen in seiner ganz eigenen, unverwechselbaren Färbung. Sie selbst hat sich früh im Zeichen der Bedrohung zu bewegen gelernt – tastenden Schrittes, zuletzt an ihren Rollstuhl gefesselt. Körperlicher Verfall und früher Ruhm – das sind die Koordinaten, zwischen denen die Dichtung der Carson McCullers bis zuletzt zirkuliert.

So liest sich das Gesamtwerk, liest sich das aus einer Fülle von Erzählungen und vier Romanen orchestrierte Lebensbuch der Carson McCullers insgesamt wie ein bis zuletzt konsequent fortgeschriebener Exkurs in die Finsternis des menschlichen Herzens.

Truman Capote hat sie einmal einen »Wanderer mit einem Rucksack voll selbsternannter Dämonen« genannt, Otto F. Walter »das jüngste in einem Geschlecht großer Regionalisten, das in den Namen Emily Brontë, Gotthelf, Dostojewski und Faulkner Dauer hat.«

Krebskrank und halbseitig gelähmt stirbt Carson McCullers an den Folgen eines erneuten Schlaganfalls nach wochenlanger Bewußtlosigkeit fünfzigjährig am 29. September 1967 in Nyack, New York.

Trotz ihrer zweifellos herausragenden Stellung innerhalb der zeitgenössischen amerikanischen Literatur ist der Name Carson McCullers insbesondere hierzulande noch immer kaum über ihre »Ballad of the Sad Café« hinaus bekannt.

Die großen Romane dieser Autorin gilt es nun neu zu entdecken. Ebenso das im Schatten, im erzählerischen Hinterland der Romane verborgene, umfangreiche Kurzprosawerk; Geschichten wie »Sucker«, »Breath from the Sky«, »The Aliens« oder »Who Has Seen the Wind?« – Meisterstücke der zeitgenössischen Kurzgeschichte: verlockend in der Leuchtkraft und Genauigkeit ihrer Sprache, beeindruckend in ihrer psychologischen Stringenz, beharrlich in der Düsternis ihrer Perspektive.

Es sind Gebete für Verlierer, die diese Dichterin immer wieder anstimmt, Hohelieder auf die Stummen, die Versprengten und Ausgestoßenen dieser Welt, geboren aus einer verzweifelten Verachtung für das Scheitern an sich. Sie wehen uns an aus den winterlich-tristen Hinterhöfen Manhattans und dem delirierenden Treibhaus des amerikanischen Südens; aus McCullers-Land, aus Georgia, wo die Hitze die Menschen jeden Tag aufs neue um den Verstand zu bringen scheint.

Bilder

Lula Carson Smith mit ihrer Mutter und ihrem
jüngeren Bruder Lamar

Lula Carson als Achtjährige auf dem Pony
eines Nachbarn, 1925

40   Mit ihrem Ehemann Reeves McCullers, ca. 1939

Mit dem Literaturkritiker Louis Untermeyer, 1940

In Georgia (Foto: Berenice Abbott)

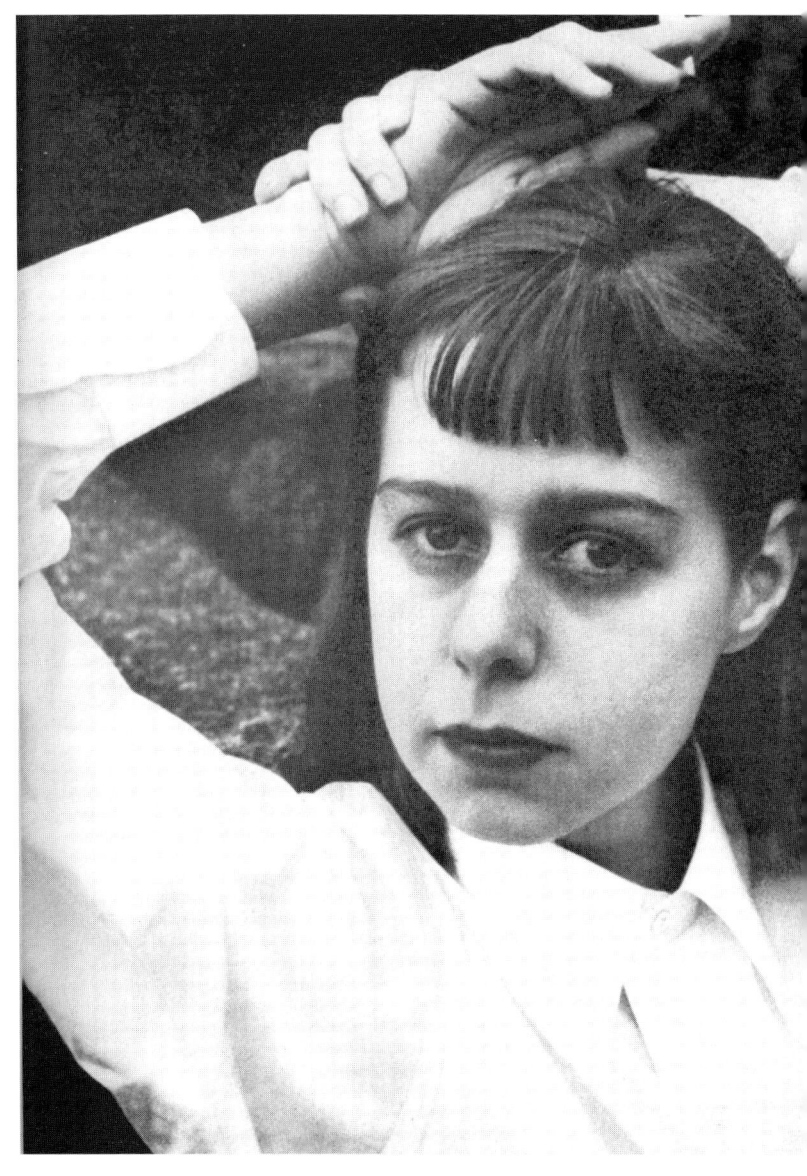

Die junge Autorin (Foto: Louise Dahl-Wolfe)

Über Schnee in New York

freut sich die Südstaatenautorin

New York liegt ihr zu Füßen (Foto: Berenice Abott)

Etwas nachdenklich, 1940 (Foto: Louise Dahl-Wolfe)

Blick aus dem Fenster (Foto: Berenice Abbott)

Die Autorin bei der Arbeit, 1943

In Brooklyn (Foto: Berenice Abbott)

1943 (Foto: Henri Cartier-Bresson)

Premiere von »The Member of the Wedding«
am Broadway, Januar 1950

Große Erleichterung nach der Premiere.
Mit Ethel Waters und Julie Harris

54

Carson McCullers 1957

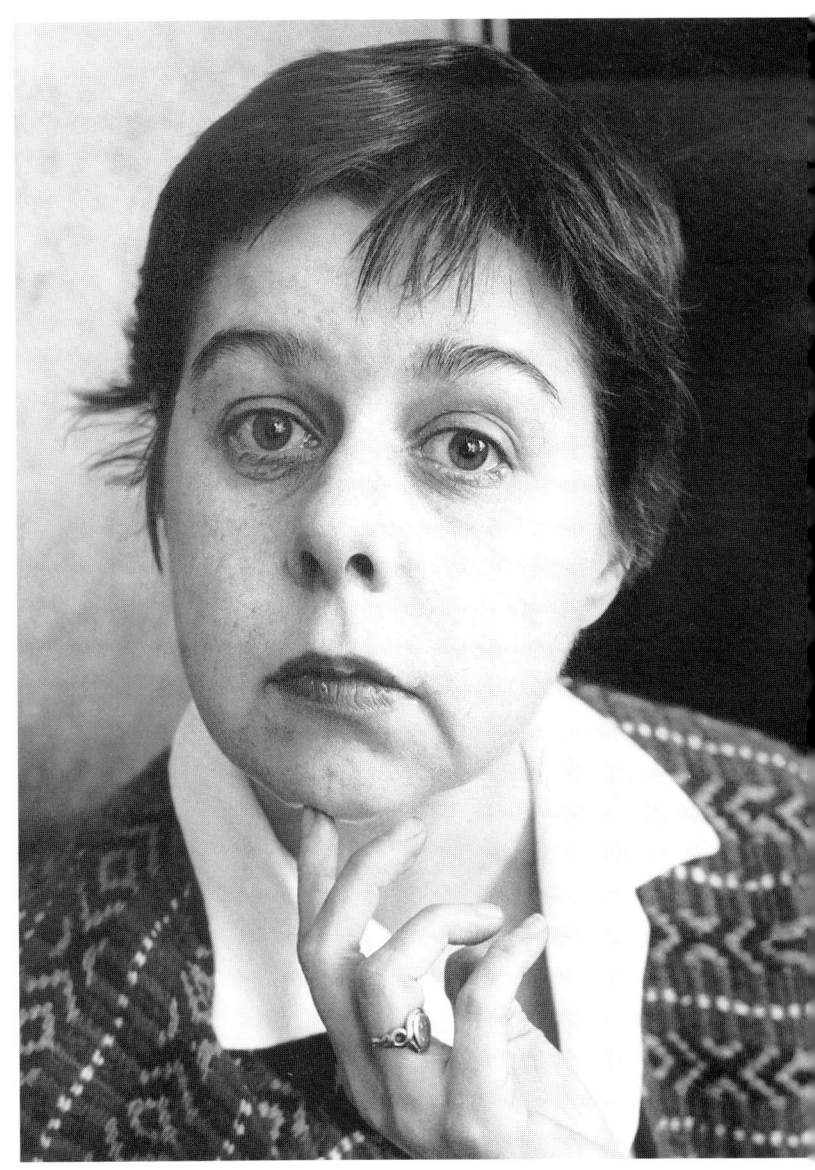

(Fotos: Cecil Beaton)

Carson McCullers mit ihrem guten
Freund Tennessee Williams, 1957

Mit Arthur Miller, Marylin Monroe
und Tania Blixen, 1959

In Nyack um 1960

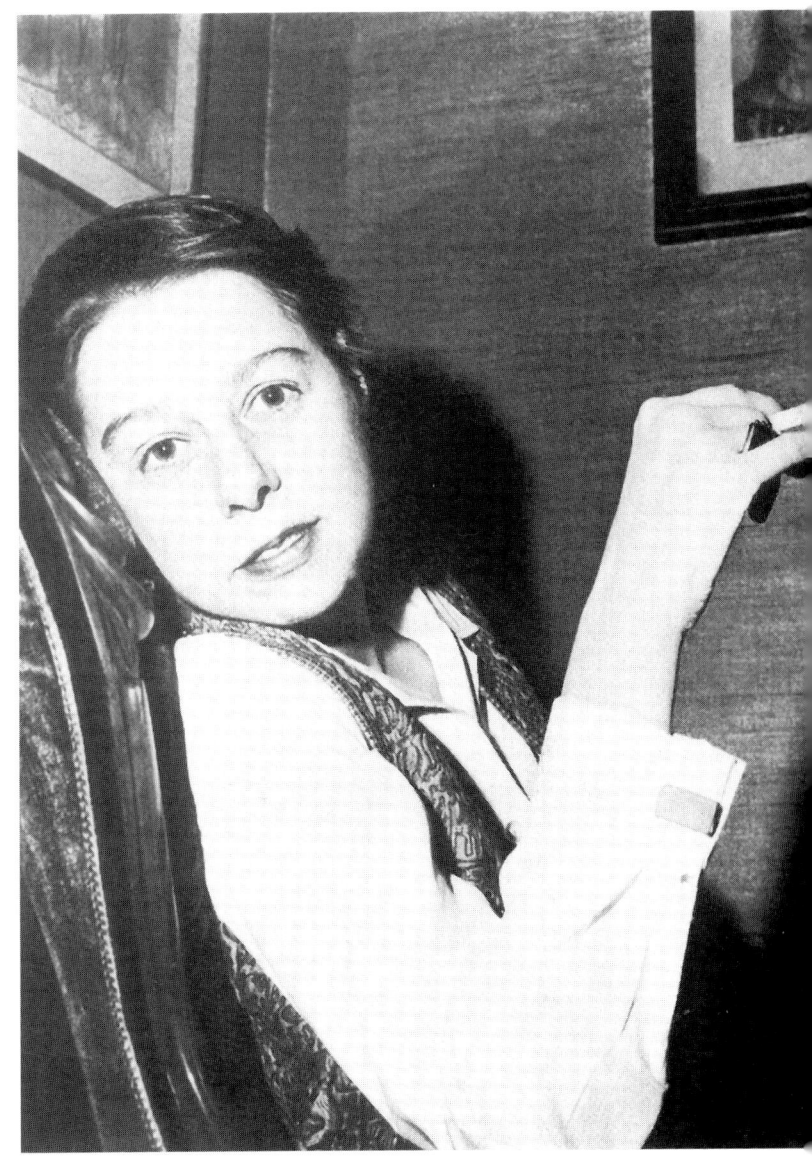

und 1961 (Foto: Louise Dahl-Wolfe) **59**

Ihr letztes Zuhause in Nyack-on-Hudson

Auf der Veranda des Hauses, um 1960

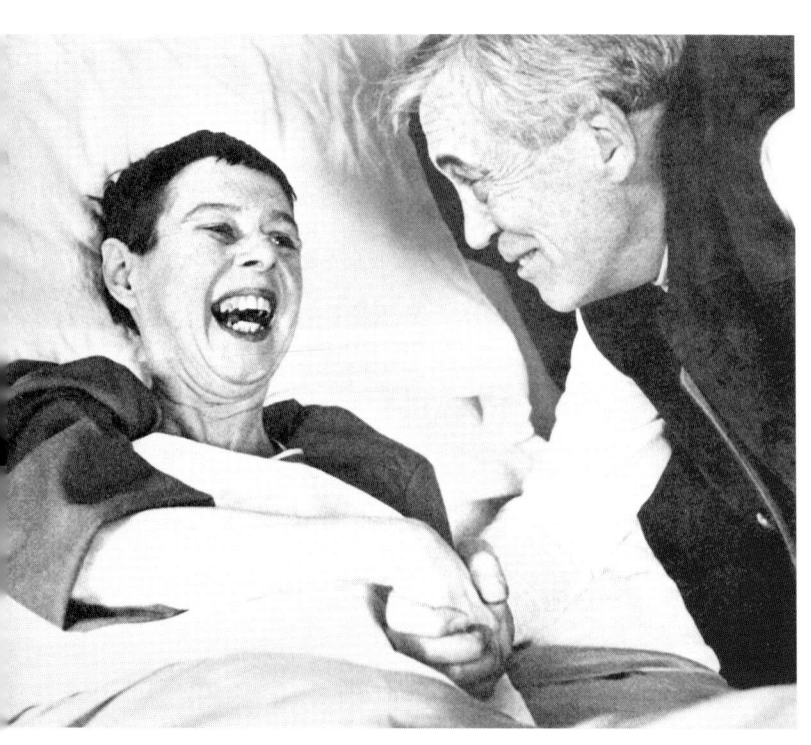

Carson McCullers zu Besuch bei John Huston
in Galway, Irland, April 1967

Stimmen

Nicht die Zeit für Ästhetik

Annemarie Schwarzenbach (1940)

Heute früh erhielt ich einen Brief aus New York, den ich las, noch bevor ich die Morgenzeitungen geöffnet hatte. Die Zeitungen berichteten über die bevorstehende Zusammenkunft von Hitler und Mussolini und mutmassten über die Bedingungen, die dem besiegten Frankreich auferlegt werden würden. Der Brief enthielt über den Krieg kein einziges Wort, obwohl heute auch die Amerikaner, und besonders die Menschen in New York, über nichts anderes reden als über Krieg, deutsche Spione, amerikanische Rüstung, bevorstehende Unruhen in Mexiko und Südamerika, Flüchtlingsströme und die Auswirkung verlorener Schlachten auf die Börse in Wall Street. Obwohl man als Europäer es begrüssen muss, dass Amerika, betroffen vom Ausmass der europäischen Katastrophe, aufhorcht und endlich begreift, dass es sich, so wie die Dinge heute stehen, nur noch in begrenztem Masse und für eine sehr begrenzte Dauer isolieren kann, obwohl es heute leicht zu beweisen ist, dass Amerika auf die eine oder andere Weise diesen Krieg mitkämpfen, miterleben und mitüberstehen muss, fühlt man sich doch mitten in dieser sympathisierenden, parteiergreifenden Welt, die vielleicht wieder die Neue Welt und unsere Zukunftshoffnung sein wird, missverstanden. Sie haben Angst, sie sind aus ihrer Ruhe aufgescheucht worden, sie reden von Fallschirmspringern, Fünfter Kolonne, Trojanischen Pferden und reden davon, dass man, um Amerika zu retten, den Alliierten helfen müsse. Das ist unzweifelhaft richtig und einsichtig, so richtig wie damals die Einsicht, dass Frankreich und England den Tschechen hätten helfen müssen, um die kleinen und grossen europäischen Demokratien zu retten. Aber wenn ein intelligenter Amerikaner über das immer noch ungelöste Negerproblem, über die immer noch brennenden Fragen sozialer Missstände und über die immer noch vorhandenen zehn Millionen Arbeitslosen in seinem Land spricht, so höre ich ihm mit einem besseren Gefühl zu als den Damen, die in New York Hilfskomitees gründen und die feinsten und reichsten Namen der Gesellschaft auf Listen sammeln, um Flüchtlingskinder von den Strassen Flanderns und Frankreichs nach Kanada zu bringen. Vielleicht wird es wirklich gelingen, ein paar Dampferladungen dieser kleinen und unschuldigen Geschöpfe an einer sicheren Küste zu landen und sie zu gesunden, tüchtigen Menschen heranwachsen zu lassen. Sie werden dann amerikanische oder kanadische Bürger sein oder eine neue Sorte von Emigranten. Aber Flandern? Frankreich? Ein Amerikaner wird an die zerstörten Länder Europas, die zerschossenen Dörfer, verwüsteten Felder und die vernichteten Hoffnungen nie in der gleichen Weise denken können, wie wir es tun.

Als ich meinen Brief aus New York gelesen hatte, der nicht vom Krieg handelte, ging ich über den Rasen vor dem Haus an den Fluss hinunter. Es ist ein breiter, langsamer Fluss, die Ufer sind grün von schönen Bäumen und dichtem Gebüsch, dahinter sieht man Wiesen und wieder Bäume, darüber den blauen, von weissen, runden Wolken durchsetzten Himmel des sommerlichen Neuenglands. Die Sonne war stark, aber ein frischer, sicher vom nahen Meer gekühlter

Wind machte sie erträglich. Zweifellos könnte man es hier aushalten und den Schrecken New Yorks vergessen, sagte ich mir, und dieser Brief gibt mir eigentlich das Recht, heute einmal die Zeitung nicht so genau zu lesen und an etwas anderes zu denken als den Krieg, wenn ich mich jetzt an meine Schreibmaschine setze.

Der Brief ist von einem zweiundzwanzigjährigen amerikanischen Mädchen, einer Schriftstellerin, die über Nacht berühmt geworden ist, nachdem ihr Buch mit einem Preis ausgezeichnet und zum »Buch des Monats« erklärt worden war. Es ist ein 350 Seiten starker Roman, der keine konzentrierte und dramatische Handlung hat, sondern nebeneinander und von Tag zu Tag und Jahreszeit zu Jahreszeit über verschiedene Menschen berichtet, die alle in einer kleinen, trostlosen Stadt unten in den Südstaaten leben. Natürlich ist es die gleiche Stadt, in welcher Carson McCullers gelebt hat, bis ihr Verleger Houghton Mifflin sie und ihren Mann nach New York kommen liess, weil sie jetzt berühmt ist und viele Leute kennenlernen und möglichst bald ein neues Buch schreiben soll. Ich habe ihren Roman »The Heart Is a Lonely Hunter« gelesen und finde es ein gutes Zeichen für die amerikanischen Literaturkritiker, dass dieses Erstlingswerk eines nachdenklichen, zugleich frühreifen und erfahrenen, aber auch kindlich versponnenen Mädchens ihre Aufmerksamkeit erregte. Denn dieses Buch, obwohl es »amerikanisch« ist, weil es in einem typisch amerikanischen Milieu spielt und von typisch amerikanischen Leuten handelt, kommt doch dem neu erstarkenden Nationalbewusstsein der Amerikaner in keiner populären Weise entgegen; es ist nicht romantisch beschönigend wie »Gone With the Wind«, es ist nicht heroisierend wie die Stücke und

Romane über Lincoln oder George Washington, und es ist nicht dramatisch-erschütternd wie »The Grapes of Wrath«, und es ist nicht einmal aktuell. Ein junger Neger wird in einem Kettensträflings-Gefängnis so misshandelt, dass er mit amputierten Beinen zurückkehrt. Sein Vater, ein Neger-doktor, der sein Leben lang als Idealist für die Befreiung seiner Rassengenossen gekämpft hat, verfällt einem fanatischen Hass gegen die Weissen und ruiniert sich und seine Familie damit. Ein armer Weisser arbeitet in einem Karussell, hält sich für einen Wahrheitssucher und geht an Trunksucht und Wahnsinn zugrunde. Ein intelligenter amerikanischer Junge denkt über Faschismus und Demokratie nach, hat kein Geld, um zu studieren, wird Kellner. Ein Taubstummer liest allen diesen Menschen ihre Klagen, Ausbrüche, Bekenntnisse von den Lippen ab, und sie glauben, dass er sie versteht, weil er keine Antwort geben, keine Meinung äussern kann. Und alles, was in diesem Buch erzählt wird, könnte von Aktualität sein und sogar als tendenziös aufgefasst werden, wäre es nicht mit den Augen eines Kindes gesehen. Es könnten die Aufzeichnungen der kleinen Mick Kelly sein, die selbst eine der Hauptfiguren des Buches ist, die aber zweifellos autobiographische Züge trägt. Ja, dieses aufgeweckte, scharf beobachtende, heftige und ehrgeizige, dann wieder hilflos weltfremde und wirklichkeitsferne Kind, das seine kleinen Geschwister erzieht, nicht genug zu essen bekommt, eine berühmte Musikerin werden will und die Not seines arbeitslosen Vaters, die Not des schwarzen Doktors, die Not des Taubstummen, die lastende, hoffnungslose Not ihrer armen Umgebung begreift und dumpf schon ahnt, dass es immer so sein wird, ein Leben lang – diese Mischung von frühreifer Resignation und Unschuld fiel mir an Carson McCullers auf, als ich sie zum ersten Mal sah und noch nicht einmal wusste, dass sie die Autorin des von allen Kritikern New Yorks gelobten »Buchs des Monats« war.

Am nächsten Tag fand ich sie in der Bar des kleinen Hotels, wo ich wohnte. »Ich habe es gestern sehr empfunden«, sagte sie zu mir, »als ich Sie und Ihre Freunde hier besuchte, dass Sie alle mich nicht mochten. Sie kommen aus Europa, die meisten von Ihnen sind Flüchtlinge, Emigranten, Juden. Sie werfen mir vor, dass ich Amerikanerin bin, und glauben, dass ich Sie nicht verstehen kann. Aber ich bin extra hergekommen, um Ihnen zu sagen, dass ich Sie verstehe. Ich bin mein Leben lang gejagt worden, musste mein Leben lang um jede Note Musik kämpfen, die ich schreiben wollte, denn ich wollte Musikerin werden, ich weiss auch gar nicht, ob ich Schriftstellerin bin, und ich habe immer unter gejagten, gequälten, heimatlosen Menschen gelebt.«

»Aber Sie irren sich«, sagte ich, »niemand von uns hat Ihnen vorgeworfen, dass Sie Amerikanerin sind, und übrigens bin ich Schweizerin, niemand verfolgt mich, die Schweiz besteht noch, unversehrt.«

Wir verabredeten uns für den nächsten Tag zum Lunch und trafen uns eine Stunde, bevor ich aus New York wegfuhr. Ich trank Kaffee, sie bestellte ein Glas Milch und ein Butterbrot und liess alles unberührt liegen. Als sie mir ihre Adresse aufschrieb, sah ich, dass ihre Hände zitterten und dass ihre Handschrift kaum leserlich war. Wenn ich redete, hielt sie das blasse Kindergesicht vorgeneigt und heftete den Blick ihrer grossen, grauen Augen auf meine Lippen, als wäre sie schwerhörig. »Die Herren vom Verlag sind sehr nett zu mir«, erzählte sie. »Als mein Mann und ich hier ankamen, wurde uns unser ganzes Geld aus der Handtasche gestohlen. Aber der Verlag gibt mir genug, damit wir hier leben können, und mein Mann wird sicher bald eine Stellung finden.«

»Aber warum wollen Sie in New York leben?« fragte ich sie. Und dies ist, was sie mir heute schrieb:

»Ich glaube, Sie haben mir Glück gebracht, denn nachdem ich Freitag mit Ihnen geluncht hatte, fanden mein Mann und ich genau die Sorte von Apartment, die wir suchten. Es ist ruhig, das ist für mich das Wichtigste, und im fünften Stock eines Gebäudes an der Elften Strasse West. Jetzt suche ich nach einem Klavier, einem Bett und einem Arbeitstisch. Nächsten Freitag hoffen wir einzuziehen.

Ich glaube, diese typische New Yorker Neurose, diese fast unheimliche Spannung, ist vor allem durch den Lärm verursacht. Sogar wenn kein vernehmbares Geräusch da ist, so wirkt doch das Gefühl von Vibration, ein leises Hämmern im eigenen Blut, so ununterbrochen, dass es schwer ist, ruhig und friedlich zu sein. Ich glaube nicht, dass sich irgend jemand daran jemals ganz gewöhnen kann.

Diesen Morgen beim Erwachen dachte ich an die Brahms-Sonate in d-Moll für Violine und Klavier und fühle mich seither in einer sonderbaren Weise glücklich. Sobald wir eingezogen sind, werde ich ernstlich zu arbeiten beginnen … und die Arbeit wird anders und reiner sein, als was ich bisher geschrieben habe. Allgemein gesprochen, versuche ich, auf eine neue poetische Form hinzuarbeiten, einen poetischen Stil, der gleichermassen von Imagination und Ton abhängig wäre, dessen eigentliche Wirkung aber mehr aus der psychischen, inneren Welt des Lesers hervorginge als aus einer offensichtlichen und leicht zu erreichenden technischen Vollkommenheit. Natürlich spreche ich von ›Poesie‹

im abstrakten Sinne, Verse interessieren mich zur Zeit wenig. Wahrscheinlich werde ich Jahre brauchen, um die richtige Technik zu finden und genau den Ton zu entdecken, den ich brauche. Die letzten Sätze klingen eher wortreich und unklar. Vielleicht ist es jetzt nicht der Augenblick für ›Ästhetik‹. Vielleicht werden alle guten Menschen ohnehin innerhalb eines Jahrzehntes tot sein…«

Dies ist nur ein Teil des Briefes, und ich frage mich, was mich veranlasst hat, ihn zu übersetzen und anderen Menschen mitteilen zu wollen. Es handelt sich nicht darum, dass das zweiundzwanzigjährige Mädchen, das diese Sätze geschrieben hat, die glückliche Autorin eines amerikanischen Preisträger-Romans ist, und deshalb für jeden Menschen interessant oder beispielhaft oder liebenswert. Es handelt sich nicht darum, verstörten und verzweifelten Lesern in Europa den Beweis zu liefern, dass anderswo in der Welt, in der fernen amerikanischen Provinz zum Beispiel, noch Talente gedeihen und entdeckt und gewürdigt werden. Dies *könnte* ein Trost sein und ist es vielleicht nicht, da im gleichen Augenblick junge zukünftige Musiker, Maler, Dichter und Entdecker, eine unbekannte Zahl junger Talente, ein Heer von Toten auf unseren Schlachtfeldern liegen. Es kann sich auch nicht darum handeln, dass dieses amerikanische Mädchen und ich uns nicht wie zwei Fremde miteinander unterhielten, sondern uns leicht und genau verstanden und viel zu sagen hatten über die schwierige, nie ganz zu lösende, nie erlösende, qualvoll bedrängende Aufgabe des Schreibens; die Not, nur zu leben auf das Ziel hin, es ausdrücken zu wollen, die Not, dennoch leben zu müssen. Das ist vielleicht ihr Problem, geht, vielleicht, mich etwas an, nie die Welt. Denn sollte ich mich anders entschliessen und nie mehr eine Zeile schreiben – wäre es für eine Menschenseele wichtig? Ginge ich aber elend und menschenunwürdig zugrunde, es wäre für die Welt eine winzige Belastung wie Tod oder Existenz jedes einzelnen Flüchtlingskindes, jedes einzelnen Soldaten auf den flandrischen Feldern.

Der Roman »The Heart Is a Lonely Hunter« ist erschienen, gedruckt und ausgezeichnet worden und wird verkauft, gelesen. Während er von einem jungen Mädchen in einer kleinen Stadt der amerikanischen Südstaaten, zwischen Baumwollfeldern und Fabrikmauern, geschrieben wurde, schrieben deutsche Autoren in Holland, Skandinavien, an der französischen Riviera, in Paris ihre Bücher und Gedichte, die nun in eroberten Ländern von den Siegern des Tages eingestampft werden. Niemand wird diese Werke jemals lesen. Aber es werden hundert Kriegsbücher, tausend Gedichte erscheinen, Neuauflagen von »Im Westen nichts Neues«, und die Voraussage ist nicht schwer: Unter den hunderttausend werden sich wertvolle Seiten finden, vielleicht unsterbliche Gedenkzellen.

Inzwischen erwartet der freundliche Verleger, erwarten Publikum und Preisrichter Amerikas, dass die blutjunge Autorin des »Buchs des Monats« ein zweites Buch schreibt. Kann darüber irgendein Zweifel bestehen? Diese junge Dichterin, Carson McCullers, ist Bürgerin eines reichen, immerhin noch friedlichen, immerhin noch demokratischen Landes, sie hatte einen grossen Erfolg, sie ist, immerhin, glücklich zu nennen und ist erst zweiundzwanzig. Wie kommt sie dazu, mir diese Worte zu schreiben: »Vielleicht werden alle guten Menschen ohnehin innerhalb eines Jahrzehntes tot sein…«?

Ich war fünf Wochen lang in New York, fern von den Kriegs-schauplätzen, unter gutgesinnten Menschen, und hatte die unbegrenzten Möglichkeiten der gigantischen Zukunfts-Stadt zu meiner Verfügung. Warum machte es mich so hoff-nungslos und lähmte mich? Warum denke ich, es sei ein Unglück, dass ein begabtes und sicher unschuldiges Kind dort, in der Elften Strasse, nun wohnen werde und ein Klavier suche und von Brahms-Sonaten träume und viel-leicht nie mehr ein anderes Buch, nie mehr eine Zeile schreiben werde?

Vielleicht ist dies alles nicht wichtig. Am von dichtem Grün bestandenen Ufer des weiten Flusses, unter den ziehenden Juniwolken, weiss ich es nicht mehr und frage nicht einmal, ob es sich lohne, die Feder in die Hand zu nehmen, und schreibe doch alles auf.

Das Haus in Brooklyn Heights

Oliver Evans (1964)

Ende der dreißiger und Anfang der vierziger Jahre waren Hausgemeinschaften – formelle wie zwanglose – in den Vereinigten Staaten ziemlich verbreitet. Eine der ungewöhnlichsten befand sich in Brooklyn Heights, in einem alten braunen Backsteinhaus, das inzwischen abgerissen worden ist. Was diese so ungewöhnlich machte, war die Anzahl der – zu dieser Zeit noch relativ unbekannten – Künstler, die dort zwischen 1940 und 1945 lebten. Seit dem Brook-Farm-Experiment in Massachusetts, hundert Jahre zuvor, hatten nicht mehr so viele amerikanische Intellektuelle das Wagnis unternommen, gemeinsam unter einem Dach zu wohnen.

Alles, was die Brooklyn-Gruppe betraf, war ungewöhnlich – einschließlich der Art, wie der Wohnsitz ausgesucht wurde. George Davis, Herausgeber von *Mademoiselle* und *Junggeselle*, war seit geraumer Zeit unzufrieden mit seiner Wohnsituation. Eines Nachts, so wird erzählt, träumte er von einem riesigen, alten braunen Backsteinhaus in Brooklyn; der Traum war so intensiv, daß er am nächsten Tag die Untergrundbahn nach Brooklyn nahm und dort, nach kurzer Suche, tatsächlich das Haus, von dem er geträumt hatte, fand. Beide, das Traumhaus und das wirkliche, waren bis ins kleinste Detail identisch – und das wirkliche war zu mieten. Davis rief die zweiundzwanzigjährige Carson McCullers an, deren erster Roman »The Heart Is a Lonely

Hunter« kurz zuvor veröffentlicht worden war und von der er wußte, daß sie auch eine Bleibe suchte; die beiden trafen sich am Haus und nahmen es sofort in Besitz.

Wystan Hugh Auden war zu dieser Zeit ebenfalls in New York und hielt nach einem Quartier Ausschau. Carson McCullers und George Davis luden den Dichter ein, bei ihnen zu wohnen. Mit der Zeit schlossen sich ihnen weitere an: Audens Freund, der Komponist Benjamin Britten; dessen Freund, der Operntenor Peter Pears, der oftmals aus Brittens Werk sang; die Dichter Louis MacNeice und Chester Kallman; die Schriftsteller Christopher Isherwood und Richard Wright; der Historiker Golo Mann (der zweitälteste Sohn Thomas Manns); der Komponist und spätere Romanautor Paul Bowles und dessen Frau Jane, die Schriftstellerin und zukünftige Dramatikerin; der Bühnenmaler Oliver Smith; und Gypsy Rose Lee, deren Sammlung surrealistischer Gemälde später eine der besten der Vereinigten Staaten wurde. Alle diese Leute bewohnten das Haus nicht gleichzeitig – einige von ihnen waren große Reisende, und wenn einer ging, nahm ein anderer seinen Platz ein –, aber sie alle verstanden sich als Gründungsmitglieder und lebten während der nächsten fünf Jahre immer wieder dort.

Obwohl die Ausrichtung der Gruppe eher künstlerisch als politisch war, betrachteten sich die meisten ihrer Mitglieder als Linke und unterstützten Roosevelts Politik. Brooklyn war ein passender Aufenthaltsort für Linke. Seine liberale Tradition führte bis in die Zeit zurück, als es Zentrum abolitionistischer Aktivitäten war und Walt Whitman für den *Daily Eagle* arbeitete. Hier schrieb er seine Anti-Sklaverei-Artikel, die ihn schließlich den Job kosteten. Es gab natürlich auch die alte literarische Tradition von Whitman und Whittier, Emerson und Thackeray, die entweder selbst in Brooklyn lebten oder häufig zu Gesprächen kamen – eine Tradition, die von so Berühmtheiten wie Hart Crane, Marianne Moore und Truman Capote in modernen Zeiten fortgesetzt wurde.

Seven Middagh, unter welchem Namen das Haus allgemein bekannt war, kam einem literarischen Salon von Paris sehr nah. Dutzende von Hausbewohnern und Hunderte von Besuchern fanden sich ein, unter ihnen einige der eindrucksvollsten Namen aus Literatur, Kunst und Musik während der Kriegszeit: Komponisten wie Virgil Thomson, Aaron Copland, Marc Blitzstein und Leonard Bernstein; surrealistische Maler wie Pavel Tchelitchew, Eugene Berman und Salvador Dali; Schriftsteller wie Anais Nin und Erika Mann. Tchelitchew versah die Wände mit einer ganzen Reihe von Fresken. Es wurden Freundschaften geschlossen, die über Jahre hielten.

Da Carson McCullers zu Beginn die einzige regulär dort wohnende Frau war, fielen ihr die Haushaltspflichten zu, aber sie nahm es damit nicht so genau und fühlte sich von der Aufgabe überfordert; daher sah es für gewöhnlich ziemlich unordentlich aus. Manchmal kochte McCullers mit Audens Hilfe ein paar der Gerichte, die sie aus ihrer Kindheit in Columbus, Georgia, kannte. Später, als der Haushalt einen höheren Grad an Organisation erreichte, wurden Dienstboten eingestellt, und jeder Bewohner bezahlte seinen Teil an den Ausgaben für Kochen und Haushalt an Auden, der die Verwaltung übernahm. Paul Bowles erinnert sich: »Alles lief bestens, bis auf ein paar fürchterliche Streitigkeiten, die unvermeidlich waren.«

Seven Middagh lag an einer ruhigen Straße, die von Ahorn-
bäumen gesäumt war; im Herbst harkten die Kinder das Laub
zusammen und machten Freudenfeuer daraus. Das Haus war
groß und komfortabel und besaß einen Hinterhof. Die Umgebung hatte etwas Kleinstädtisches, war aber aufgrund der
ethnischen und kulturellen Vielfalt großstädtisch.

Die Leute aus dem Haus kannten ihre Nachbarn – besonders Mr. Parker, den Drogisten um die Ecke, der mit jedem
in Brooklyn Heights bekannt zu sein schien. Zu ihrer Rechten lebte eine exzentrische alte Dame, von der das Gerücht
umging, daß sie einmal eingesperrt worden war, weil sie bei
einer Temperenzler-Demonstration das Fenster einer Knei-
pe eingeworfen hatte. Sie las streunende Hunde auf, hielt
einen Affen als Haustier und es hieß, sie sei sehr reich und
sehr geizig. »Miss Kate«, die Antiquitätenhändlerin auf der
Fulton Street, bei der die Bewohner der Hausgemeinschaft
viele Möbel kauften, litt entsetzlich unter der Kälte, nahm
nur ein Mal im Jahr ein Bad und war gewöhnlich gebückt
über einem kleinen Kohleofen im hinteren Teil ihres La-
dens anzutreffen. »Ich kann mich nicht erinnern, je ein
hübscheres und schmutzigeres Gesicht gesehen zu haben«,
schrieb Carson McCullers. »Nachts schläft sie auf einer
grünen viktorianischen Samtcouch und deckt sich mit einem Perserteppich zu.«

Carson McCullers ging häufig mit George Davis die Sand
Street entlang, die sich von der Brooklyn Bridge bis zum
Navy Yard erstreckte. Gesäumt von Bars, Geschäften, die
Marine-Uniformen zum Verkauf anboten, billigen Hotels
und Pensionen, war sie tagsüber ein trüber Flecken. Doch
wenn die Nacht kam, ergoß sich ein unendlicher Strom von
Seeleuten und Freudenmädchen durch die Straßen, und die

Lichter der Bars glitzerten. In einer dieser Bars sah Carson McCullers einen kleinen Buckligen herumspringen, der von jedem verhätschelt und vom Eigentümer wie eine Art Maskottchen behandelt wurde. Er war natürlich das Vorbild für Cousin Lymon in »The Ballad of the Sad Café«.

Ebenfalls in Brooklyn ersann Carson McCullers eine andere Erzählung mit südlicher Szenerie. Die Figuren, die sie ihrer eigenen Kindheit entnahm, quälten sie eine Zeitlang, ohne daß sie in der Lage gewesen wäre, sie in eine zufriedenstellende Beziehung zueinander zu bringen. An einem Thanksgiving-Abend, als jedermann nach dem großen Truthahnessen mit Schnaps und Kaffee vor dem Kamin saß, heulte plötzlich ein Feuerwehrwagen auf. Gypsy Rose Lee eilte hinaus, um nachzuschauen. Carson folgte ihr, und plötzlich stand die Idee für das Buch klar vor ihren Augen. Sie faßte Gypsys Arm und übertönte den Lärm der Feuerwehr: »Frankie is in love with her brother and his bride and wants to become a member of the wedding!«

Mit dem Ende des Krieges begann die Hausgemeinschaft sich aufzulösen. Einige ihrer Mitglieder kehrten nach Europa zurück; Paul und Jane Bowles gingen nach Marokko und blieben dort; wieder andere zogen zurück nach Manhattan oder in Vororte New Yorks. Von Seven Middagh Street machten sie sich auf, um ihr Werk zu vollenden, so daß die Brooklyn-Periode als Lehrzeit eine wichtige Fußnote in der Geistesgeschichte Amerikas darstellt. Ihre Entscheidung weiterzuziehen, bedeutete in keiner Weise das Scheitern des »Experimentes«; sie waren immer Durchreisende und Kosmopoliten gewesen, und das wirklich Bemerkenswerte ist – auch wenn man den Krieg in Betracht zieht –, daß sie so lange zusammengeblieben sind.

Eine Referenz dem Gespür

»I Wish I Had Written That« hieß ein 1946 erschienener Band, in dem Schriftsteller sich das Werk eines Kollegen aussuchen konnten, das sie gern geschrieben hätten. Die Wahl der amerikanischen Schriftstellerin Kay Boyle (1902-1992) fiel auf »The Ballad of the Sad Café«.

Ich glaube, der bessere Teil von Neid ist Bewunderung, und an dieser Geschichte von Carson McCullers bewundere ich den kühnen, objektiven Grundton, den Ehrfurcht und Demut anmutig begleiten; ich bewundere die unnachgiebige und furchtlos selbstauferlegte Praxis, sich von allem zu lösen, das den Inhalt dieser Geschichte in Beziehung zum eigenen Ich bringen könnte oder sich gar mit ihm identifizieren ließe. Ich erwähne das zuerst, weil es ein Gespür für Proportionen erkennen läßt, das wir gemeinhin von Architekten und Malern, von Installateuren und Tischlern, nicht aber von einer Schriftstellerin erwarten.

Ich erweise diesem Gespür meine Referenz, weil die Werke so vieler Schriftstellerinnen unseres Jahrhunderts hoffnungslos untauglich gemacht wurden durch Gestalt und Gewand jenes zarten, zerbrechlichen, unerträglichen, so deutlich erkennbaren weiblichen Ego als Zentrum ihrer Bücher. In »The Ballad of the Sad Café« hat Carson McCullers sich der Verantwortung gestellt, sowohl Handwerker als auch sensibler Künstler zu sein. Ich glaube, daß die Überlegung, die einen bereits in jungen Jahren zu der Erkenntnis führt, daß sensibles Künstlertum nicht genug ist, die unzweifelhaft beste Aussteuer ist, die ein Schriftsteller besitzen kann.

Die Geschichte reicht in ihren genauen Beschreibungen tiefer als die Begriffe Jahreszeit, geographischer Ort, Jahrhundert aussagen – auch wenn Jahreszeit und Ort und selbst Tages- und Nachtzeit exakt benannt sind. Die einzelnen Zeilen scheinen nicht für ein breites Publikum oder einen kleinen Kritikerkreis geschrieben, sondern gleichsam im Angesicht der schlichtesten und deshalb der erhabensten menschlichen Gefühle. Es ist, als seien Liebe und Zorn und Trauer als Publikum zugegen und als sei es ihre Zustimmung oder ihre Ablehnung, die der Handlung und dem Ausdruck von Verzweiflung oder Geduld oder Loyalität zu bemerkenswerter Artikulation verhelfen.

Damit sind wir bei der Sprache dieser Geschichte. Sie vollzieht sich in Schönheit und Ausgewogenheit, um nicht nur das Bild dessen heraufzubeschwören, was der Blick gesehen hat, sondern das exakte Maß der innewohnenden Wahrheit zu bestimmen.

Ich hätte gern geschrieben:

»lt was toward midnight on a soft quiet evening in April. The sky was the color of a blue swamp iris, the moon clear and bright. (…) Down by the creek the square brick factory was yellow with light, and there was the faint, steady hum of the looms. lt was such a night when it is good to hear from far away, across the dark fields, the slow song of a Negro on his way to make love.«

79

Metaphysische Prosa

Marguerite Young (1947)

Carson McCullers' »Member of the Wedding«, scharfsinnig und sparsam angelegt, ist ein irreführendes Stück Literatur, und seine Objektivität mag vielleicht den voreiligen Leser dazu verleiten, es für das zu nehmen, was es auf den ersten Blick zu sein scheint: eine Studie über stürmische Entwicklungsjahre. Als eine solche Studie ist denn auch das Buch tatsächlich meistens besprochen worden, oft von materialistischen Rezensenten, die ihren Widerwillen gegen die Probleme der Pubertät offen zugeben, auch wenn eine solche Kindheit vielleicht, wie in diesem Fall, eine Komplexität von irrealen, realen und surrealen Geschehnissen in einer Form sein mag, die selbst so trügerisch ist wie der Traum vom vollkommenen Glück. Richtet der Leser sein Denken allein auf die hier geschilderte spezielle Kindheit, statt auch auf die vielen, von der Autorin – im Hinblick auf ein den Menschen in seinem Verhältnis zu verschiedenen Arten der Realität betreffendes Thema – sorgfältig aufgestellten, Symbole, wird ihm vielleicht die Wichtigkeit dieses seltsam spirituellen Buches gar nicht klar. Oder er fragt sich vielleicht, besonders, wenn er ein Elternteil ist, warum Carson McCullers gerade ein Kind als Heldin gewählt hat, das mehr ein Individuum als ein Typ ist, ein Kind, das selbst in zwei sich bekämpfende Wesen gespalten ist, obwohl es nach der ewigen Harmonie trachtet. Carson McCullers, die manchmal als Sensationsschriftstellerin hingestellt wird, ist mehr als das, denn sie ist in erster Linie die Vertreterin des dichterischen Symbolismus, eine Sucherin nach den leuchtenden tieferen Erkenntnissen, die immer die Grenzen des Stereotypen, Konventionellen und sogenannten Normalen übersteigen. Hier also ist ein ziemlich klarer, eindeutiger Text – eindeutig sogar in seiner Verwendung des Anomalen, des Paradoxen und des Amorphen –, die Verwirrungen des Lebens. Obgleich die Themen romantisch sind, bewegt sich ihre Ausarbeitung in klassischen Grenzen. Es gibt keine Wildnis, in der der Leser sich verirrt, und wenn er sich verirrt, dann vielleicht nur, weil diese Art zu schreiben nicht weint, stöhnt, jammert, schreit und große Emotionen zur Schau stellt. Sie entspricht eher einem Schachspiel, wo jeder Zug ein Symbol ist und vom Leser einen Gegenzug verlangt. Viele moderne Gedichte sind dieser Art.

In erster Linie ist es die Geschichte Frankies, einer jungenhaften Range, die während eines glühendheißen Sommers plant, an der Hochzeit ihres Bruders teilzunehmen, um mit den beiden, die einander heiraten, getraut zu werden, um mit dazuzugehören, um ein Mitglied von etwas zu sein, um alle Barrieren des kleinlichen Individualismus niederzureißen, um in alle intimen Belange des Menschengeschlechts einbezogen zu sein. Falls Frankie in diese Hochzeit zweier Menschen miteinander – die sie beide liebt und von denen sie geliebt wird – als drittes Mitglied einbrechen könnte, selbst wenn sie überzählig ist, dann wäre die Art vollkommenen Glücks erreicht, von der die Menschen immer geträumt haben wie von der Vereinigung der Nationen. Die gute, sprichwörtersüchtige Berenice, die Negerköchin, die dieses halbverwaiste Kind aufgezogen hat, versichert ihm, daß seine Erwartungen in der Wirklichkeit nie realisiert werden können, daß sie aber, sollten sie sich doch erfüllen, weder für es selbst noch für die Menschheit gut wären. Was Frankie sich erträumt, ist nur in ihrem eigenen schöpferischen Geist möglich, existiert nirgendwo anders, ist weit entfernt vom Möglichen. Das rein utopische Ziel ist immer noch ein Ziel für Frankie, die nicht leicht aufgeben kann. Sie und Berenice sitzen und diskutieren diese kritischen Fragen mit nicht enden wollendem, ausgiebigem Genuß, ausgiebig sowohl für die beiden wie auch für den Leser, der darüber sinnieren kann, wie sie darüber sinnieren, und hin und her überlegen. Auch einen Zuhörer gibt es, John Henry, sechs Jahre alt, der von Zeit zu Zeit mit melodiösem Stimmchen einfällt und in dem Drama seine eigenen, ungewöhnlichen und absonderlichen Ansichten zum besten gibt. Er ist bezaubernd geschildert; einmal als eine kleine Schwarzdrossel, die dem Licht entgegenläuft. Tatsächlich sind alle drei Charaktere, alles Hauptfiguren, mit Noblesse und sichtlichem Feingefühl dargestellt, besonders Berenice, deren blaues Glasauge Frankies Traum von der unmöglichen Hochzeit ähnelt, ein Traum von fast himmlischer Eintracht auf Erden. Berenice träumt nicht gerade davon, weiß zu werden, doch ihr blaues Glasauge ist ein erschütternder Kommentar zur Rassengrenze und den willkürlichen Barrieren, die die Menschen voneinander trennen. Das ganze Buch ist eine Diskussion über das Glück, so unaufdringlich durchgeführt wie »Rasselas« von Dr. Johnson, und der Schluß ähnelt annähernd dem seinen. Die Nebenfiguren bewegen sich hin und her wie die Figuren auf einem Schachbrett, in diesem Fall sowohl komisch als auch menschlich. Keiner wird je verächtlich behandelt. Die

Schwarzen sind immer Menschen; rücksichtsvoll, lebensklug, auf vertrautem Fuße mit Frankie, die dem Menschengeschlecht angehören möchte, auf vertrautem Fuße mit John Henry, der sehr bald gehen muß und wenig Gebrauch von dem kleinen Spazierstock wird machen können, der ihm – welche Ironie des Schicksals – auf seinem Totenbett geschenkt wurde, geschenkt von der optimistischen Frankie.

Bei dem obigen Absatz fällt mir auf, daß es unmöglich ist, dieses Buch zu beschreiben, ohne es im Zusammenhang mit seinen kunstvollen Symbolen zu schildern. Wahrhaftig, Schilderung und Allegorie sind die doppelblütige Blume, die an einem Stengel wächst; und wenn das eines Pilgers Lebensweg zurück zum kalten, unklaren und unverständlichen Universum ist, wie es in Matthew Arnolds bekanntem Gedicht zum Ausdruck kommt, ist es dennoch eines Pilgers Lebensweg, modernistisch, keiner simplen Definition von Gut und Böse gewahr. Ein Begriff ist immer in Form eines andern beschrieben. Das Motiv, wenn auch durch verschiedenes schmückendes Beiwerk verhüllt, geht niemals verloren. Das Beiwerk dient einem Zweck. Was man auch immer sagen mag, um Carson McCullers' Stellung als Schriftstellerin zu definieren, man muß feststellen, daß sie nicht eine reine Effekthascherin ist, sondern daß sie sich auch wie Laurence Sterne, der Prediger, mit den Theorien des Wissens beschäftigt – und auch durch die witzige Nebenhandlung läßt sie sich nicht vom Hauptthema ablenken. Die große Linie ist immer sichtbar.

Der Mensch hat immer den Wunsch, das zu hören, was er bereits selbst glaubt, und Carson McCullers erzählt in diesem Falle den meisten Menschen eben nicht, was sie bereits glauben. Vielmehr stellt sie sehr viele selbstgefällige Postulate in bezug auf deren Gültigkeit in Frage, denn sie ist eine viel zu skeptische und analytische Schriftstellerin, um anzunehmen, daß die Wahrheit in landläufigen Platitüden liegt. Sie wägt ab und mißt. Kein wilder Idealismus treibt sie über die Grenzen einer nüchternen Welt hinaus, und zwar zum Teil aus dem Grunde, weil die Welt in sich selbst eine genügende Phantasmagorie vergangener Ereignisse ist. Ihre Einstellung zur menschlichen Natur ist nachsichtig, behavioristisch, klinisch. Und obgleich ihre Art zu schreiben tiefschürfend und untersuchend ist, bleibt sie aus diesen Gründen so fest umrissen wie ein geometrisches Problem, wenn auch die Perspektiven sich verwirren und ständig verschieben. Sie sieht das Leben wie ein Impressionist, ist aber selbst kein solcher. Sie ist eine Logikerin in einem unlogischen Bereich.

Gibt es einen feststehenden Plan in der Natur der Dinge, eine Sphärenmusik, oder war alles, wie Carson McCullers meint, ursprünglich nichts als Zufall, Chaos und Fragment? Spekulativ wie ihre Figuren, träumt die Autorin von einem allmächtigen Plan, findet aber, daß ein solcher Plan eher mehr von den Menschen als von Gott stammt und daß seine Verwirklichung ein weiteres Chaos in sich bergen könnte. Außerdem ergibt sich dann noch das Problem, wie die innere Welt sich mit der äußeren verbinden läßt, das Problem, dem Frankie, eine Anarchistin mit einer alten Baseballkappe, augenblicklich begegnet. Diese drei Menschen, Frankie, John Henry und Berenice, sitzen um den Tisch herum und unterhalten sich höchst harmonisch, während die Sommerhitze um sie herum immer drückender wird. Die Unterhaltung dreht sich um die unmögliche Hochzeit, den unerfüllbaren Wunschtraum, aus dem sich andere, damit zusammenhängende, illusorische Gesprächsthemen ergeben. John Henry zeichnet närrische Bilder an die Wand. Der Klavierstimmer kommt, um (vielleicht im Nachbarhaus) ein Klavier zu stimmen, und die Töne steigen wie greifbar gewordene Musik zur Decke hinauf. Und das ist eigentlich so ziemlich alles, was in dem Buch geschieht, genügt aber, um den empfindsamen Leser zu beunruhigen, wenn er sieht, wie Hinweis auf Hinweis sich auflöst, während die alten Probleme bestehen bleiben. Kann man selbst von einem Grün behaupten, daß es für jedermann grün sein muß? Das Metaphysische erwächst aus dem Stofflichen und kehrt nicht weniger reich zu ihm zurück, weil sein Ursprung bekannt ist. Eine der packendsten Stellen ist die, wenn Berenice von ihrer Suche nach dem Glück erzählt, das sich für sie in der Gestalt ihres verstorbenen ersten Mannes verkörpert. Berenice ist dreimal verheiratet gewesen, und dreimal hat sie erfolglos nach ihm gesucht. Den einen Mann heiratete sie, weil er einen Daumen hatte, der dem ihres ersten Mannes glich; einen andern, weil er einen Mantel trug, den ihr erster Mann getragen hatte und den sie nach seinem Tode versetzt und auszulösen verfehlt hatte; und einen dritten aus einem physischen Grunde, wegen ihrer Einsamkeit. Berenice sagt, daß ihr Weltideal eine Welt sei, in der Schwarze gleichberechtigt und frei mit Weißen Umgang pflegen, was auch ihren verstorbenen ersten Mann einschließen werde – obwohl die Wiederauferstehung nicht möglich und vielleicht sogar nicht einmal tunlich wäre. Frankies Weltideal wäre eine Welt, wo die Kriege nur auf eine Insel für Gewohnheitskrieger beschränkt blieben. Es könnte sogar eine Welt mit mysteriösen, flimmernden Filmfiguren sein. Berenice, Frankie und John Henry, die, vieldimensional geschildert, darüber sprechen, was es bedeute, ein Mensch zu sein, spielen die ganze Zeit ein seltsames Kartenspiel, ein »Bridge zu dritt«, das ihre Situation versinnbildlicht. Einige Karten fehlen von Anfang an, ohne daß sie es merken; vielleicht wie jene Karten, die Gott bei der Schöpfung hinuntergeworfen hat – und vielleicht ist das auch der Grund, daß nie etwas Richtiges herauskommt, daß es Hoffnung und Enttäuschung gibt. John Henry wünscht sich drehbare Augen, mit denen er hinter die Karten und um die Karten herum sehen könnte, ein Sehvermögen, das sich nach Belieben biegen ließe, denn John Henry hat, abgesehen davon, daß er närrische Bilder zeichnet, eine philosophische Denkweise.

Am Schluß des Buches, wenn die seltsame Dreiergruppe durch Tod und Wegzug getrennt wird, scheint es rückblickend ein genauso phantasievolles und vollkommenes Schema wie die Hochzeit zu dreien. Es kann nie kopiert werden. Der Zauber liegt im Stil, kommt aber nicht durch Frankie zum Ausdruck, die einen Grad von Banalität erreicht hat, daß sie erklärt, sie liebe Michelangelo nun mal. Ihre Zukunft scheint ungewiß. Entweder wird sie erwachsen, oder sie wird es nicht.

Der blühende Traum

In der amerikanischen Zeitschrift »Esquire« veröffentlichte Carson McCullers im Dezember 1959 folgende »Notizen über das Schreiben«

Als ich ein Kind von etwa vier Jahren war, ging ich manchmal mit meinem Kindermädchen an einer Klosterschule vorbei. Einmal standen die Türen der Klosterschule offen. Und ich sah die Kinder Waffeleis schlecken und sich an Schaukelgerüsten vergnügen, und fasziniert schaute ich zu. Ich wollte hineingehen, aber mein Kindermädchen sagte, nein, ich sei nicht katholisch. Am nächsten Tag war das Tor geschlossen. Ich aber dachte Jahr für Jahr daran, was auf diesem wundervollen Fest passiert war, von dem ich ausgeschlossen blieb. Ich wollte über die Mauer klettern, aber ich war zu klein. Einmal schlug ich gegen die Mauer, und ich war mir die ganze Zeit darüber im klaren, daß drinnen ein wunderbares Fest stattfand, ich aber nicht hinein konnte.

Die meisten meiner Stoffe basieren auf dem Thema der seelischen Einsamkeit. Mein erstes Buch handelte fast ausschließlich davon, und seitdem mehr oder weniger alle meine anderen Bücher. Liebe, und besonders die Liebe zu einer Person, die unfähig ist, sie zu erwidern oder zu empfangen, ist der Grund für meine Auswahl grotesker Gestalten, über deren seelische Vereinsamung ich schreibe – Menschen, deren körperliches Gebrechen ein Symbol für ihre seelische Unfähigkeit ist, zu lieben oder Liebe zu empfangen.

Ehe eine Arbeit vollendet ist, ist dem Autor das Ausmaß eines Kunstwerks selten klar. Es ist wie ein blühender Traum. Stillschweigend wachsen und entfalten sich die Ideen, und wenn die Arbeit fortschreitet, gelangt man Tag für Tag zu tausend neuen Einsichten. Beim Schreiben wächst ein Samenkorn wie in der Natur. Das Samenkorn der Idee entwickelt sich durch beides: durch Anstrengung und das Unbewußte, und durch den Kampf, der zwischen beiden ausgetragen wird.

Ich erkenne nur Bruchstücke. Ich erkenne die Figuren, aber noch nicht den Roman. Das Wesentliche taucht erst in unvorhergesehenen Augenblicken auf, die niemand begreifen kann, am allerwenigsten der Autor selbst. Bei mir sind solche Eingebungen gewöhnlich die Folge großer Anstrengungen. Für mich sind sie der Lohn der Arbeit. Alle meine Arbeiten sind auf diese Weise entstanden. Daß ein Schriftsteller von solchen Eingebungen abhängig ist, ist das Risiko und gleichzeitig auch der Reiz an der Arbeit. Nach verwirrenden und mühevollen Monaten, in denen die Idee sich zur Blüte entfaltet, ist das Einverständnis göttlich. Es kommt immer aus dem Unbewußten und läßt sich nicht kontrollieren. Ein ganzes Jahr lang arbeitete ich an dem Roman »The Heart Is a Lonely Hunter«, ohne ihn überhaupt zu begreifen. Jede Figur sprach zu der Hauptfigur, aber warum, wußte ich nicht. Fast hatte ich mich dazu enschlossen, daß das Buch kein Roman sei und ich es in Kurzgeschichten zerhacken sollte. Doch als mir diese Überlegung kam, konnte ich die

Verstümmelung am eigenen Körper spüren und war verzweifelt. Ich hatte fünf Stunden Arbeit hinter mir und ging ins Freie. Plötzlich, als ich über eine Straße lief, kam mir der Gedanke: daß die Person, mit der alle andern sprachen – Harry Minowitz –, ein besonderer Mensch war, ein Taubstummer, und sofort änderte ich den Namen in John Singer. Das ganze Wesen des Romans war festgelegt, und ich war von nun an mit meiner ganzen Seele »The Heart Is a Lonely Hunter« verpflichtet.

Als ich »The Heart Is a Lonely Hunter« beinahe beendet hatte, erwähnte mein Mann, daß in einer nahegelegenen Stadt eine Versammlung von Taubstummen stattfinde; er nahm an, ich wollte hingehen, um sie zu beobachten. Ich erwiderte ihm, das sei das letzte, was ich tun wolle, weil ich mir bereits meine eigene Vorstellung von Taubstummen gemacht habe und sie nicht zerstören wolle. Ich vermute, James Joyce hatte die gleiche Einstellung, als er im Ausland lebte und seine Heimat nie wieder aufsuchte: das Gefühl, daß sein Dublin auf immer festgelegt war – was ja auch stimmt.

Das höchste Gut eines Schriftstellers ist seine Intuition; zu viele Fakten verhindern die Intuition. Ein Schriftsteller muß enorm viele Dinge wissen, doch es gibt auch sehr viele Dinge, die er nicht zu wissen braucht – er muß alles über Dinge wissen, die die Menschen betreffen, auch wenn sie »grausam« sind.

Jeden Tag lese ich die New Yorker *Daily News,* und zwar sehr gewissenhaft. Es ist interessant, den Namen der Gasse zu erfahren, in der sich die Ermordung der Geliebten ereignete, und auch die näheren Umstände, über welche die *New York Times* allerdings nie berichtet. Bei jenem nicht aufgeklärten Mord in Staten Island ist es interessant zu lesen, daß der Arzt und seine Frau, als sie erstochen wurden, dreiviertellange Mormonen-Nachtkleider trugen. An jenem schwülen Sommertag, als Lizzie Borden ihren Vater umbrachte, hatte sie zum Frühstück Hammelfleischsuppe gegessen. Jedes Detail ruft mehr Vorstellungen hervor, als eine Verallgemeinerung sie liefern könnte. Daß Christus in seine *linke* Seite gestochen wurde, ist bewegender und evoziert mehr, als wenn man nur wüßte, daß er von einem Dolch durchbohrt worden wäre.

Zu Beschuldigungen wegen Morbidität kann man nichts weiter sagen. Ein Schriftsteller kann nur sagen, daß er aus dem Samenkorn heraus schreibt, das später im Unbewußten erblüht. Die Natur ist nicht anormal, nur Leblosigkeit ist anormal. Alles, was lebt und sich bewegt und im Zimmer umhergeht, einerlei, was es tun mag, ist für einen Schriftsteller menschlich und natürlich. Die Tatsache, daß John Singer im Roman »The Heart Is a Lonely Hunter« ein Taubstummer ist, ist ein Symbol, und die Tatsache, daß Captain Penderton im Roman »Reflections in a Golden Eye« homosexuell ist, ist auch ein Symbol, ein Symbol für Benachteiligung und Schwäche. Der taubstumme Singer ist ein Symbol für Gebrechlichkeit, und er liebt einen Menschen, der unfähig ist, seine Liebe anzunehmen. Symbole treiben die Geschichte und den Stoff und das Geschehen fort, und sie sind so ineinander verwoben, daß man nicht bewußt begreifen kann, wo die Wirkung beginnt. Ich verwandle mich in die

90

Figuren, über die ich schreibe. Ich bin so sehr eins mit ihnen, daß ihre Motive meine eigenen sind. Wenn ich über einen Dieb schreibe, werde ich ein Dieb; wenn ich über Captain Penderton schreibe, werde ich ein homosexueller Mann; wenn ich über einen Taubstummen schreibe, bin ich für die Dauer der Geschichte taubstumm. Ich werde zu der Figur, über die ich schreibe, und ich preise den lateinischen Dichter Terentius, weil er sagte: »Nichts Menschliches ist mir fremd.«

Warum schreibt man? Mit Sicherheit ist es der schlechtbezahlteste Beruf der Welt. Mein Anwalt hat ausgerechnet, wieviel ich am Buch »The Member of the Wedding« verdient habe, und das sind – bei den fünf Jahren, die ich daran gearbeitet habe – achtundzwanzig Cents pro Tag. Das ironische daran ist, daß das Theaterstück »The Member of the Wedding« so viel Geld einbrachte, daß ich achtzig Prozent davon dem Staat abtreten mußte – worüber ich auch glücklich bin, oder wenigstens sein müßte.

Man muß aus einem unbewußten Mitteilungsbedürfnis heraus schreiben, aus einem Drang, sich selbst zum Ausdruck zu bringen. Schreiben ist eine traumwandlerische Beschäftigung. Der Intellekt versinkt im Unbewußten – der denkende Geist sollte am besten von der Imagination beherrscht werden. Und doch ist das Schreiben nicht restlos amorph und undurchdacht. Manche der besten Romane und Prosastücke sind so exakt wie eine Telefonnummer; doch nur wenigen Prosaschriftstellern gelingt dies, da hierzu eine Vervollkommnung von Leidenschaft und Poesie notwendig ist. Ich liebe das Wort Prosa nicht; es ist zu prosaisch. Gute Prosa sollte mit dem Feuer der Poesie verschmolzen sein; Prosa sollte wie Poesie sein, und Poesie sollte so klar verständlich wie Prosa sein.

Ich denke gern an Anne Frank und ihre bewegende Botschaft, die nicht nur die Botschaft eines zwölfjährigen Kindes, sondern auch eine Botschaft der Bewußtwerdung und des Mutes war.

Hier handelte es sich wirklich um Isolation, aber eher um körperliche als um seelische Isolation. Vor mehreren Jahren verabredete sich Anne Franks Vater mit mir, um mich im Hotel Continental in Paris zu treffen. Wir sprachen miteinander, und er fragte mich, ob ich das Tagebuch seiner Tochter zum Drama umarbeiten wolle. Er gab mir auch das Buch, das ich bis dahin noch nicht gelesen hatte. Doch als ich das Buch las, erregte es mich so sehr, daß ich an Händen und Füßen einen Ausschlag bekam, und ich mußte ihm mitteilen, daß ich unter diesen Umständen das Stück nicht schreiben könne.

Wenn mich jemand fragt, wer mein Werk beeinflußt hat, verweise ich auf O'Neill, die Russen, Faulkner und Flaubert. »Madame Bovary« scheint mir mit göttlich geringen Mitteln geschrieben worden zu sein. Es ist einer der schmerzlichst geschriebenen und schmerzlichst durchdachtesten Romane aller Zeiten. »Madame Bovary« ist eine Komposition von realistischer Stimme des Flaubertschen Jahrhunderts, der Auseinandersetzung zwischen dem Realismus und dem romantischen Geist seiner Zeit. In seiner Deutlichkeit und makellosen Anmut scheint der Roman ohne eine Denkpause direkt aus Flauberts Feder geflossen zu sein. Zum erstenmal befaßte er sich mit seiner Wahrheit wie ein Schriftsteller.

Nur mittels Vorstellungskraft und Realitätssinn bekommt man eine Ahnung von den Dingen, derer ein Roman bedarf. Die Schilderung der Realität allein ist mir niemals so überaus wichtig erschienen. Eine Lehrerin sagte einmal, man solle über seinen eigenen Hinterhof schreiben; ich nehme an, daß sie damit meinte, man solle über die Dinge schreiben, die einem am vertrautesten sind. Aber was ist einem inniger vertraut als die eigene Vorstellungskraft? Die Imagination vereint Erinnerung mit Einsicht, vereinigt die Wirklichkeit mit dem Traum.

Die Leute fragen mich, weshalb ich nicht öfter in den Süden reise. Aber die Reisen dorthin sind für mich eine sehr emotionale Erfahrung und mit allen Erinnerungen meiner Kindheit befrachtet. Immer wenn ich in die Südstaaten zurückkehre, gerate ich in einen Widerstreit der Gefühle, so daß ein Besuch in Columbus in Georgia Liebe und Feindseligkeit wieder aufwühlt. Die Schauplätze meiner Bücher mögen stets die Südstaaten und der Süden stets meine Heimat sein. Ich liebe die Stimmen der Schwarzen – sie sind wie dunkle Fluten. Bei den kurzen Reisen, die ich in den Süden unternehme, spüre ich an meinen eigenen Erinnerungen und an den Zeitungsartikeln, daß ich noch immer über meine eigene Wirklichkeit verfüge.

Nur wenige Schriftsteller aus dem Süden sind wahrhaft kosmopolitisch. Wenn Faulkner über die Royal Air Force und Frankreich schreibt, ist er irgendwie nicht überzeugend, während ich von fast jeder Zeile über das Yoknapatawpha-Gebiet überzeugt bin. Für mich ist »The Sound and the Fury« in der Tat der vermutlich großartigste amerikanische Roman. Er ist von einer Authentizität, einer Erhabenheit und vor allem von einer Empfindsamkeit, die von der Verbindung zwischen der Realität und dem Traum herrührt, welche das göttliche Einverständnis ist.

Hemingway dagegen ist von allen amerikanischen Schriftstellern am ehesten Kosmopolit. Er ist in Paris, in Spanien, in Amerika und in den Indianergeschichten seiner Kindheit zu Hause. Vielleicht ist es sein Stil, der befreiend ist, eine wunderschön ausgearbeitete Form des Ausdrucks. So geschickt Hemingway darin ist, verschiedene Ansichten zu schaffen und den Leser an diese heranzuführen – gefühlsmäßig ist er doch ein Wanderer. In Hemingways Stil sind einige Dinge unter dem emotionalen Gehalt seines Werkes verborgen. Wenn ich Faulkner Hemingway vorziehe, ist es deshalb, weil mich das Vertrautere stärker anrührt – die Literatur, die mich an meine eigene Kindheit erinnert und für ein Besinnen auf diese Sprache maßgebend ist. Hemingway scheint mir die Sprache als literarischen Stil zu benutzen.

Die Arbeit des Schriftstellers ist nicht nur von seiner Persönlichkeit, sondern auch von der Gegend, in der er geboren wurde, geprägt. Ich frage mich manchmal, ob das, was als ›Gothic school‹ der Südstaaten-Literatur bezeichnet wird, in welcher das Groteske dem Erhabenen entspricht, nicht weitgehend auf die Wertlosigkeit eines Menschenlebens in den Südstaaten zurückzuführen ist. Die Russen sind in

94

dieser Hinsicht wie die Südstaaten-Schriftsteller. In meiner Kindheit herrschte in den Südstaaten beinahe eine Feudalgesellschaft. Doch die Gesellschaftsform der Südstaaten ist durch die Rassenprobleme weit komplizierter als die russische. Für manchen armen Südstaatler resultiert der einzige Stolz, den er hat, aus dem Umstand, daß er ein Weißer ist, und wenn der eigene Stolz so kläglich erniedrigt ist, wie kann man da lernen zu lieben? Liebe ist vor allem anderen der Grundstein aller guten Literatur. Liebe, Leidenschaft und Anteilnahme gehören eng zusammen.

Jede Mitteilung wird von jedem Menschen anders aufgefaßt. Aber Schreiben ist im wesentlichen ein sich mitteilen, und sich mitzuteilen ist der einzige Zugang zur Liebe – zur Liebe, zum Gewissen, zur Natur, zu Gott und zum Traum. Für mich selbst gilt: je weiter ich mich in mein eigenes Werk versenke und je mehr ich von denen lese, die ich liebe, desto mehr begreife ich vom Traum und von der Logik Gottes, die in der Tat ein göttliches Einverständnis ist.

Die Außenwelt

Es ist schwer zu glauben, daß einundzwanzig Jahre vergangen sind, seit Carson McCullers' erster Roman »Das Herz ist ein einsamer Jäger« publiziert wurde. In jenen Jahren war Carson McCullers *die* junge Schriftstellerin. Sie war schon von Beginn an eine amerikanische Legende, wozu man sagen muß, daß ihr Ruhm sowohl ein Werk der Reklame wie auch des Talents war. Die Reklame besorgten jene Modejournale, bei denen ein Gericht verbrannter Erbsen, photographiert von Avedon, der Rogen eines seltenen Fisches zu sein scheint. Doch Carson McCullers' verträumtes, knabenhaftes Gesicht, das aus den reichbebilderten Seiten zu uns aufblickt, stellte in seiner ikonenhaften Feinheit unbewußt die Eleganz der Inserate für Damenwäsche, die sie umrahmten, in den Schatten.

Im Unterschied zu vielen anderen Legenden war ihr Talent so echt wie ihr Gesicht. Obwohl sie die Vorläuferin von einer Menge »Südstaatenliteratur« war (man kann ein Dutzend Schriftsteller nennen, die nicht in der Weise existieren könnten, wie sie es tun, wenn sie nicht in der Weise geschrieben hätte, wie sie es tat), hatte sie eine ganz eigene Note. Ihre Prosa ist keusch und streng und realistisch in ihrem Herausarbeiten des Erzählerischen. Ich glaube, daß sie von allen Südstaaten-Schriftstellern wahrscheinlich diejenige ist, die sich halten wird, auch wenn ihre Einsicht keineswegs so groß und umfassend wie die, sagen wir,

Faulkners ist, dem sie charakterlicherweise gar nicht ähnelt.

Welch ein Übermaß an Südstaatenliteratur haben wir nicht in den letzten dreißig Jahren gehabt! Ein Romancier nach dem andern ist aus dem Süden zu uns gekommen, und es steht fest, daß die südstaatliche literarische Begabung so echt ist wie die Städte des Südens, wo die Familiengruppen enger beieinander leben und weniger beweglich sind als im Norden. Die industrielle Revolution brauchte eine lange Zeit, bis sie in die Südstaaten kam, und bis vor kurzem war der junge Südstaatler noch nicht willens, sich so leicht und energisch in das Wirtschaftsleben einbinden zu lassen wie sein nördlicher Gegenpart. Vor allem aber sind es die Geschichten. Die Südstaatler reden und reden, sie erzählen und erzählen. In den ländlichen Gegenden ist das Spinnen langer, verwickelter Geschichten über Menschen noch eine Volksbegabung. Oben im Norden besteht die tägliche Unterhaltung meistens in der Wiederholung verallgemeinernder Anekdoten: du kennst doch die Geschichte von Soundso, der diese Frau kennengelernt hat, die … Im Süden dagegen geht es so: als deine Kusine Hattie – sie war Eulas Stiefschwester, was sie zu James Edwards Kusine zweiten Grades macht – ihre Stellung in der Stadtverwaltung aufgeben mußte, nachdem sie diesen Tuttweiler-Burschen kennengelernt hatte, der am Memorial-Day[*] versucht hat, seinen Vater umzubringen… Sie erzählen in Form von Chroniken und Annalen. Sie erzählen in Romanform. Nicht daß das Leben in den Südstaaten deshalb interessanter wäre als anderswo. Es ist eher das Vergnügen, das es diesen

[*] 30. Mai: Heldengedenktag, zur Erinnerung an die im Bürgerkrieg gefallenen Soldaten.

Menschen macht, von ihren Nachbarn und ihren Verwandten zu erzählen: die lange zurückreichenden Erinnerungen und die Freude daran, über dieses riesige Netz (ein *weißes* Netz!) von Verwandtschaft nachzugrübeln, das sich während drei Jahrhunderten über die rote Erde gesponnen hat. Der Süden war von Anbeginn provinziell und kleinbürgerlich. Sein fortgesetzter Aristokratenwahn begann vor dem Bürgerkrieg, als die Romane von Sir Walter Scott die Plantagenbesitzer (und die nicht allzu vielen, die lesen konnten) im Sturm eroberten. Selbstherrlich und zerstörerisch nahmen sie sich die Gesellschaft der Scottschen Romane zum Vorbild. Faulkners »Sartoris« basiert nicht auf Tatsachen, sondern auf Scott. Doch dieser Wahnsinnstraum von blauem Blut und Gottesgnadentum ist verhängnisvoll für ein phantasievolles Kind. Ich bezweifle, daß es einen einzigen lebenden Südstaatler gibt, dem nicht in seiner Jugend von mindestens einem weiblichen Verwandten gepredigt wurde: »Vergiß niemals, WER du bist!« Und wer ist dieses WER? Nur ein einfaches, anständiges Kind des Mittelstands, gewöhnlich auch noch einer niedrigeren Einkommensstufe, mit nichts Höherem in seinem Stammbaum als einem Arzt, einem Rechtsanwalt oder vielleicht einem ungeschulten Prediger. Doch wenn einem erzählt wird, man sei ein Jemand von Geblüt, dann weckt das in den Adern etwas Magisches, weckt Träume von Herrschen und Regieren, weckt Schöpferträume. Und wenn die Proportionen stimmen, wird der Traum mit der Zeit Wirklichkeit, und Kunst ist tatsächlich erreicht.

Das erste, was einem an McCullers auffällt, ist ihr Stil. Von Wolfe bis Faulkner hat die meiste Südstaatenliteratur zu leerer Rhetorik in der Art des »lost, lost and by the wind grieved« geneigt, die ich abscheulich finde. Ich kann nur sehr wenig von Wolfe lesen, und vieles des bewundernswerten Faulkner wird mir durch die Flüchtigkeit in seiner Prosa verdorben (in »Requiem für eine Nonne« verwendet er das ganze Buch hindurch wie besessen »euphemistisch«, beschönigend, statt »euphonisch«, wohllautend). McCullers schreibt eine exakte Prosa, die einem Flaubert von »Un Cœur Simple« näherkommt als Faulkners »Absalom, Absalom!« Zuzeiten hatte sie eine Leidenschaft für extreme Situationen und unmotivierte Handlungen (»Die Ballade vom traurigen Café» und »Spiegelbild im goldnen Auge«), aber wenn ich auch hie und da ihre Absicht in Frage gestellt habe, haben ihre Mittel sie immer gerettet. Sie vertieft sich ganz in das erzählte Geschehen. Man stößt niemals auf einen falschen Ton. Technisch gesehen ist es atemberaubend zu beobachten, wie Carson McCullers eine Szene aufbaut, dann von Charakter zu Charakter springt und in einem Satz, in einer Zeile ein Leben vor uns auftut. Es ist wunderbar, aber...

Aber. Einundzwanzig Jahre sind eine lange Zeit. »Frankie«, ihr letzter Roman, wurde 1946 publiziert. Während dieser fünfzehn Jahre sind andere Schriftsteller gekommen und gegangen. Neue Einstellungen, neue Dummheiten, neue Wahrnehmungen haben wir erlebt. Aber, was das Wichtigste ist: in die Welt der wesenseigenen Vision, die ihre Domäne war, ist das öffentliche Leben, das die heutige Welt buchstäblich zu zerstören droht, immer mehr eingedrungen. Schlimmer noch ist, daß, wenn ihm auch diese endgültige Zerstörung nicht gelingt, die drohende Vernichtung doch viele am Wert der Kunst hat zweifeln lassen. Wenn unser Planet zur öden Wüste wird, warum dann überhaupt noch etwas tun, da man ja doch weiß, daß er bald nicht mehr als ein oder zwei Staubkörnchen in dem für uns nie mehr wahrnehmbaren Staub sein wird? Natürlich hat nicht jeder Schriftsteller diese apokalyptische Vorstellung, noch sieht ein Schriftsteller in dem Gedanken an den Weltuntergang notwendigerweise einen Grund, nicht das zu vollbringen, was er in der Gegenwart vollbringen möchte, die allein zählt. Aber die Gefahr ist vorhanden, allgemein bekannt und bedrohlich, und das tägliche Leben durchschauernd. Es fällt schwer, *nicht* damit zu rechnen.

In ihrem neuen Roman, »Uhr ohne Zeiger«, nimmt Carson McCullers zum erstenmal das öffentliche Leben in ihr Werk auf. Obwohl ihre Reaktion ungeschickt und unsicher ist, freut man sich zu sehen, daß sie so gut wie eh und je schreibt und mit der ganzen ursprünglichen Klarheit und der großartigen Spannung. Doch das Buch ist merkwürdig, und zwar deshalb, weil das, was stets die innerlichste Reaktion war, rauh von der Außenwelt aufgeschreckt und verwirrt worden ist. Der sich wandelnde Süden, die Entscheidung des Obersten Gerichtshofes: Aufhebung der Rassentrennung. Der Flieger als ein neuer Mensch. Alle diese Dinge tauchen plötzlich in ihrer Erzählung auf. Man kann nicht sagen, daß sie diese Dinge ungeschickt behandelt, nur, daß sie nicht ganz hierhin gehören: in die Geschichte von dem riesigen alten Mann (Richter und Verfechter der weißen Vorherrschaft), seinem Enkel (Flieger, Jugendlicher, sensibel), einem todgeweihten Drogisten namens Malone (der ganz unerwartet einen Lynchakt zu verhindern sucht) und einem schwarzen Jugendlichen (außer sich vor seelischer Verletztheit und Selbsttäuschung: ist er wirklich Marian Andersons Sohn, den sie im Gestühl einer Kirche dieser Stadt in Georgia zurückgelassen hat?). Die vier Charaktere treten abwechselnd in Aktion. Sie werden ausgewertet. Sie werden lebendig. Und doch ist man von dem Erzählten nicht überzeugt. Ist die Geschichte hinsichtlich des Symbolischen echt oder nur zweckmäßig?

Gegen Schluß des Buches spricht der alte Richter, wütend über den Entscheid des Obersten Gerichts, im Radio, um den Gerichtshof öffentlich anzuklagen; aber seiner Erregung und seinem hohen Alter zufolge fällt ihm nichts ein, was er sagen könnte, außer, Wort für Wort, die »Gettysburg Address«[*]. Soll man das als des Südens letzten gequälten Atemzug verstehen, da die neue Ordnung beginnt? Wenn ja, glaube ich es nicht.

Natürlich steht es McCullers frei, mit einer politischen Situation zu machen, was sie will. Man streitet ja auch mit ihr nicht wegen ihrer Ansicht über Dinge, die letzten Endes rein gefühlsmäßig und nicht wörtlich zu nehmen sind, sondern wegen der Wirkung, die ihre Beschäftigung mit dem öffentlichen Leben auf ihre Kunst gehabt hat. Alles ist ein wenig aus dem Lot geraten. Sie ist nicht die einzige unter den Schriftstellern, die in dieser Weise zu leiden hat. Immer mehr unserer freischaffenden Künstler sind in den letzten zwanzig Jahren verstummt, unfähig, mit einer Welt fertig zu werden, die sich auf ihre Einbildungskraft geworfen hat wie ein klumpfüßiges Tier, das man in einem Garten losgelassen hat. Doch selbst diese annähernde Fehlleistung ist wunderbar zu lesen, und ihre geniale Prosa bleibt eine der wenigen Errungenschaften unserer zweitklassigen Kultur.

---

[*] Von Abraham Lincoln 1863 auf dem Nationalfriedhof gehaltene Rede.

Die Worte und die Pausen

Günther Busch (1963)

Es ist wenig, was die Nachschlagewerke uns von Carson McCullers, der amerikanischen Schriftstellerin, zu berichten wissen. Die Auskünfte sind eintönig, oft hilflos. Biographen wären gehalten, die kargen Daten eines wie in Höhlen verbrachten Lebens dauernd zu wiederholen. Gerüchte und Erwartungen haben den Weg, den die Autorin genommen, gleichsam eingeschneit. Und lückenhaft wie unsere Kenntnis ihres Lebenslaufes ist die kritische Rezeption ihrer Texte, nach wie vor. Fünf Bücher hat Carson McCullers geschrieben; seit Jahren sind sie Quelle und Gegenstand eines schleichenden Ruhms. Faulkner hat, was die Schriftstellerin geschrieben hat, bestaunt und gerühmt; Tennessee Williams feierte enthusiastisch ihre Kunst, und längst bekennen sich jüngere Autoren, Truman Capote und William Goyen, zu Carson McCullers als ihrer Lehrmeisterin. Beinahe legendär ist der Ruf, der an ihr erstes Buch, den Roman »Das Herz ist ein einsamer Jäger« (1940), sich geheftet hat. Trotzdem blieb der Erfolg, den ihre Arbeiten hatten, vage, vor allem in Europa.

Das hängt wohl zusammen mit dem Charakter der Werke, sicher mit der Sprache, die McCullers' Erzählungen führen. Ungewohnt daran ist für Ohren, die auf die bekanntesten Literaturmelodien aus dem amerikanischen Süden, also auf die Stimmen der Thomas Wolfe, Katherine Anne Porter, Eudora Welty, Robert Penn Warren und William Faulkner, gestimmt sind, der an Märchenstücke gemahnende Tonfall. Statt Erschütterung bewirkt er Verzauberung. Seine Macht ist die Macht des geflüsterten Worts.

Der amerikanische Süden ist die Heimat der Schriftstellerin; er ist, als Filter der dichterischen Erfindungen, in den Erzählungen und Romanen zugegen. An dem Haß und an dem Leid, an der Verblendung und an der Sehnsucht seiner Bewohner hat der Landstrich Anteil. Das Nachtgespräch der Neger und die Tischgebete in den Herrenhäusern künden die Geschichte von Verfolgung und Anmaßung. Quer durch die Baumwollfelder zieht sich die Schleifspur des Elends, immer noch. Die Bücher Carson McCullers' halten diese Spur fest. Sie offenbaren den Zustand einer Welt, die dem Kältetod entgegengeht. Nicht anklägerisch, nicht spektakelhaft sind ihre Texte. Vergangenes hebt an zu reden, Striemen werden gezählt und Gesichter gemustert, immer wieder, einsame Gesichter, die vom Kummer gebrannt oder vom Entsetzen verwüstet sind. Da ist, in »Das Herz ist ein einsamer Jäger«, der Taubstumme John Singer, der seine Umgebung Freundlichkeit lehrt und selbst völlig verlassen stirbt. Da ist, in »Der Soldat und die Lady«, Ellgee Williams, dem die Liebe, anstatt Freiheit, den Untergang und so wenigstens Frieden bringt. Keine Helden bevölkern die Szene, keine Götzen werden gesalbt; im Selbstverständlichen lauern die Wunder. Das Leben erscheint als Falle.

Ohne Vorgaben schildert die Autorin, was Menschen sich gegenseitig antun, worauf geringfügige Entscheidungen, Launen und Skrupel schließlich hinauslaufen. Das Wahrscheinliche mitsamt den Überraschungen, die es bereithält, ist ihr Feld. Was immer in ihre Prosa eingeht, beläßt sie, beinahe unangetastet, in seinen Rechten, ohne an den

Scharnieren der Realität zu rütteln. Die meisten Geschichten handeln von Alltäglichem. Doch vor ihrem Blick gewinnt, unauffällig, noch das ausgemergelte Dasein Gestalt und Bedeutung. *Sadness,* Traurigkeit, ist ein Schlüsselwort der Romane, und wohl nicht zufällig hat eine der schönsten Erzählungen den Titel »Die Ballade vom traurigen Café«. »Das Herz ist ein einsamer Jäger« ist eine Ballade, »Das Mädchen Frankie« ist es, »Der Soldat und die Lady« ist es – und so auch der jüngste Roman »Uhr ohne Zeiger«. Sie sind es alle nicht nach Maßgabe des Sujets, sondern auf Grund ihrer Atmosphäre, des literarischen Tonfalls. Sie sind es, weil das, was Carson McCullers erzählt, auf die Gesichter nicht von Siegern, sondern von Opfern zeigt.

Nach jahrelanger Pause hat die Schriftstellerin jetzt wieder ein Buch veröffentlicht. Der Roman »Clock Without Hands« (»Uhr ohne Zeiger«), 1961 in Boston erschienen, ist, wie jedes ihrer Bücher, ein Geschöpf der Melancholie – ein Werk, das von der Vergänglichkeit redet. Verwunderung über die Störbarkeit menschlicher Beziehungen, Trauer über die Hinfälligkeit alles Lebendigen. Erstaunen vor der Gebrechlichkeit unserer Wünsche – das gebietet auch hier, aber es muß sich jetzt an unnachgiebigeren Gegenständen, als Sommerabende im Süden und Mädchenreue es sind, bewähren. Das Material der Träume ist härter geworden, die Furcht in ihnen ist Furcht weniger vor dem Erwachen als vor dem Ende. In den Dialogen wiegen nun gleich schwer die Worte und die Pausen. Das Buch berichtet vom langsamen Sterben eines Mannes, und es berichtet vom allmählichen Niedergang einer Epoche, ihrer Idolatrien und Idole. Es beginnt mit der Ankündigung eines Todesurteils: »Der Tod bleibt sich immer gleich, doch jeder Mensch stirbt seinen eigenen Tod. Für J.T. Malone begann es so einfach und alltäglich, daß er eine Zeitlang das Ende seines Lebens für den Beginn einer neuen Jahreszeit hielt … Malone hatte sich seinen eigenen Tod nie anders als in einer zwielichtigen, nicht berechenbaren Zukunft vorgestellt – oder mit den Ausdrücken der Lebensversicherung. Er war ein schlichter, alltäglicher Mensch.«

Das Buch endet mit der Vollstreckung des Urteils: »Sein Leben verließ ihn, und im Sterben nahm das Leben eine andere Ordnung und eine Einfachheit an, wie sie Malone vorher nie erfahren hatte … Nichts war mehr von Bedeutung für ihn.«

J.T. Malone, Apotheker in Milan, Georgia, verheiratet, Vater zweier Kinder, Bürger und Biedermann, erkrankt an Leukämie. Was jahrelang wichtig und gültig war, wird schal über Nacht. Die Idylle gerät zum Inferno. Ein Mann trifft den Tod während fünfzehn Monaten, auf den Gassen der Stadt, im Gespräch mit dem Arzt, in der Pfarrstube und im Zimmer der Kinder, allerorten. Immer wieder rührt er an Dinge, die ihn überdauern werden – die Theke im Drugstore so gut wie die Geräte im Haus und der Baum am Wegrand (»Er musterte mit krankhafter Andacht eine grünbelaubte Ulme«). Eingezingelt von Hoffnung und Schrekken, erwartet Malone sein Ende. Der Kampf gegen das Unerwartete, den dieser Jedermann führt, findet statt in einer Wirklichkeit, in der das Unerwartete zur Tagesordnung gehört. Schon in unserem Alltag sind die Zeichen des Nichtgeheueren. Die Geschichte von Malones Krankheit und Leid ist ein Kapitel der Leidensgeschichte des Menschen: ein Exzerpt unserer Welt.

Der Roman trägt diesem Sachverhalt auf seine Weise Rechnung. Er ist gebildet nach dem Muster eines Mosaiks. Episoden kreuzen und ergänzen sich, manchmal fallen sie sich gegenseitig ins Wort. Die Ränder der Episoden sind nicht vermauert, Neues kann sich da anschließen, Stück um Stück. Von verschiedenen Ausgangspunkten her nähern sich die Figuren einem gemeinsamen Gravitationsfeld. Langsam, im Fortgang der Erzählung, fügen sich die Partikel zu einem Bild: Malones Siechtum und Fox Clanes, des im Rassedünkel befangenen Richters, Niedergang; die lächerlichen Zukunftsträume Sherman Pews, eines großsprecherischen Negerjungen, und die bohrenden Fragen des 17jährigen Jester; die Erlösungssehnsucht der Beleidigten und die terroristische Hoffart der Beleidiger.

Man hat Carson McCullers nachgesagt, sie huldige einer Art literarischer Hinterglasmalerei. Tatsächlich ist Transparenz eine der auffallendsten Eigenschaften ihrer Texte. Sie lassen durchschimmern, was in ihrer Nachbarschaft und in ihrem Rücken steht. Ein romantisches Trachten ist da am Werk, das mitunter die Sätze bedroht und Empfindungen, die an den Tag möchten und erst im Lichte ganz bei sich selber anlangten, in Schummer und dunkle Adjektive einhüllt. Jedoch gezügelt und beherrscht, wie in den Novellen vor allem, gewinnt es die Intensität alter Beschwörungen und die Kraft zur Namensgebung.

Achtsamer als mancher andere Autor unserer Tage, der, leichten Mutes sich auf den Realismus berufend, den Schrott der Realität katalogisiert, läßt Carson McCullers in Anspielung und Verknüpfung uns das vielfältige Inventar der Wirklichkeit sehen – das gleichzeitig Verworrene und Geordnete des Daseins. Ihre Phantasie ist zärtlich und desillusionierend in einem, ehrt ebensowohl das Offenkundige wie das Unheimliche und Verborgene. In ihrer Prosa haben Dinge und Dämonen gleichermaßen Platz; sie läßt gelten, daß die Bagatelle mit dem Wunder, der Funke mit der Feuersbrunst zusammenhängt. Beide gehen die Literatur an. Die Literatur ist nicht gehalten, uns Erklärungen zu liefern, weder für die Niedertracht noch für das Erbarmen; ihr Metier ist weder die Begradigung der Fronten noch die Rechtfertigung der Welt, sondern An-schauung, Ein-Bildung. Die Bücher Carson McCullers' halten fest an diesem Verfahren.

Im Wandel der Kritik

Judith Giblin James (1995)

Photographien von Carson McCullers aus den vierziger Jahren helfen den fürsorglichen Enthusiasmus ihrer frühen Kritiker erklären. Das wachsame, junge Gesicht auf dem Schutzumschlag von »The Heart Is a Lonely Hunter« (1940), das breite, schelmische Grinsen in der Werbung für diesen Roman und die fragile Zurückhaltung des Bildes auf dem Titel von »The Member of the Wedding« (1946) suggerieren die Jugend und Verwundbarkeit, die ihren ersten Lesern so große Bewunderung abnötigte. Auf jedem Porträt trägt sie die strähnige Ponyfrisur und ein weißes, viel zu großes Männerhemd, das in New Yorker Literaturkreisen zu ihrem Markenzeichen wurde.

Die Rezensionen ihrer ersten Romane konzentrierten sich auf ihre Jugend und das relativ hohe Ausmaß ihrer Leistung. Die Überschrift der *New York Times Book Review* verkündet den »Hunter« als »einen bemerkenswerten Erstlingsroman über die Einsamkeit des Lebens«, und die *Time* preist »Reflections in a Golden Eye« (1941) als »Meisterwerk mit vierundzwanzig«. Die Rezensionen des »Hunter« brachten McCullers die unverzügliche Beachtung der New Yorker Schriftsteller und Intellektuellen ein, und nachdem sie kurz nach der Veröffentlichung vom Süden nach New York in ein Appartement in Greenwich Village gezogen war, konnte sie persönliche wie berufliche Lorbeeren ernten. Innerhalb von zwei Monaten tat sich eine Verbindung zu

Harper's Bazaar auf, die sich als äußerst effektiv erweisen sollte. So hatte ihre Freundschaft mit dem Feuilleton-Chefredakteur des Magazins, George Davis, einen Vorabdruck von »Reflections« zur Folge. Außerdem stellte Davis sie einer Reihe von einflußreichen Freunden vor und machte sie zum Mittelpunkt einer Gruppe von Künstlern, die sich das Haus in der Seven Middagh Street in Brooklyn teilten, das er angemietet hatte. Die Bewohner und Besucher des Hauses – unter ihnen W.H. Auden, Louis MacNeice, Klaus Mann, Richard Wright, Denis de Rougemont, Jane und Paul Bowles – hatten Zugang zu diversen exzentrischen und einflußreichen Kreisen, aus denen während der nächsten zwei Jahrzehnte manche hilfreiche Beziehung hervorging. Die Verbindung zu *Harper's Bazaar* wurde mit der Publikation von »A Tree. A Rock. A Cloud.« (1942), »The Ballad of the Sad Café« (1943) und dem ersten Teil von »The Member of the Wedding« (1946) fortgesetzt. Eine ähnlich produktive Beziehung entwickelte sich zu *Mademoiselle,* nachdem Davis 1942 dorthin gewechselt war.

Die Identifizierung von McCullers mit *Harper's Bazaar, Mademoiselle* und – zu einem geringeren Grad – mit *Vogue* (worin sie in den vierziger Jahren zwei Essays veröffentlicht hatte) und dem *New Yorker* (wo drei Kurzgeschichten erschienen) verhalfen zwar ihrer Popularität sprunghaft in die Höhe, haben aber wohl ihren Stand bei den Kritikern beeinträchtigt. Leslie Fiedler bezeichnete den *Harper's Bazaar*-Zirkel als »wetteifernde Gesellschaft« von Schriftstellern, die sich lieber erfolgreich einem speziellen Publikum zuwenden, statt dem Mainstream klug die Richtung zu weisen. Er schrieb der Gruppe eine »neue Sensibilität« zu, die »in einer Vorliebe für Haute Couture, für klassisches Ballett, Barockopern, gewisse elegante Riten der Kirche und vor allem für das letzte und feinste Destillat des Faulknerismus zum Ausdruck kommt, einer Literatur, die sensibel und satanisch zugleich ist«. In Carson McCullers sieht Fiedler den »wichtigsten Schriftsteller dieser Gruppe« und Truman Capote betrachtet er als den »typischsten«; beide bringt er mit einer Literatur in Verbindung, »deren Geschmack hinter dem Anspruch, subtil und fortschrittlich zu sein, zurückbleibt« und beanstandet ihren unpolitischen oder gar antipolitischen Bohème-Blick.

Carson McCullers' Identifizierung mit einer kleinen Spanne von Motiven, die auf das Subjekt beschränkt bleiben, ist zum Teil durch die Definition von Geschlecht, Gegend und Sexualität begründet. Weil sie weiblich war, aus den Südstaaten stammte und auf ihren Photos und in ihrer Dichtung nicht den heterosexuellen Normen entsprach, fiel McCullers dem Vorurteil zum Opfer, daß solche Umstände unvermeidlich ihren Wert einschränkten. Ein weiterer Faktor, der Einfluß auf ihre Reputation hatte, war der bewußte Abbau ideologischer Kritik zu dieser Zeit und die Rückkehr der formalistischen Ästhetik. McCullers schrieb vier Romane, in denen die Politik innerhalb kleiner Gesellschaften – Städte im Süden, ein Armee-Stützpunkt – die größere Welt der USA in der Mitte des Jahrhunderts reflektieren und kommentieren. Der erste und der letzte, »Hunter« und »Clock Without Hands« (1961) sind verzweifelte Kommentare zum Rassen- und Klassenunrecht, das durch die tragische Machtlosigkeit und die Vereinsamung der Individuen kontrapunktiert wird. In den beiden anderen Romanen, »Reflections in a Golden Eye« und »The Member of the

Wedding«, sorgen restriktive soziale Hierarchien für den bedrückenden Hintergrund, gegen den die in Fesseln liegenden Individuen rebellieren. Nur »The Ballad of the Sad Café« versäumt es, auf die Probleme der Welt im großen hinzuweisen. Aber auch dort ist das Thema der Abhängigkeit in individuellen Beziehungen von Bildern der Armut und Sklaverei umgeben.

Der soziale Gehalt von Carson McCullers' Werk wurde nur wenig und nur sporadisch zur Kenntnis genommen. Die Einschätzung ihres ersten und ihres letzten Romans kann dienlich sein, ein bestimmtes Reaktionsmuster zu veranschaulichen, das in hohem Maße einem wechselnden Klima kritischer Erwartungen unterworfen war. Es stimmt, daß McCullers' Fokus prinzipiell die deformierten existentiellen und seelischen Bedingungen der Individuen sind und nur sekundär soziale Mißstände. Aber die Höhepunkte in beiden Romanen – der zu Rassenunruhen führende Aufstand der Arbeiter im »Hunter« und die rassistisch motivierten Bombenanschläge in »Clock« – scheinen eine Erklärung in politischen Begrifflichkeiten zu verlangen. Nachdem 1940 die Desillusionierung über den 1939 abgeschlossenen Nichtangriffspakt zwischen der Sowjetunion und Deutschland die intellektuelle Schlagkraft des »*American Marxist Criticism*« gemindert hatte, haben die Rezensenten einer Analyse der gesellschaftlichen Implikationen des »Hunter« wenig Beachtung geschenkt.
Einer der scharfsinnigsten Rezensenten war Richard Wright, dessen »Native Son« im selben Jahr wie der »Hunter« veröffentlicht wurde. In der Augustausgabe des *New Republic* aus dem Jahr 1940 schrieb Wright, die »Schilde-

rungen von Einsamkeit, Tod, Unfall, Wahnsinn, Angst, Massengewalt und Terror sind vielleicht die trostlosesten, die je aus dem Süden kamen«. Am meisten beeindruckt war er von dem »erstaunlichen Einfühlungsvermögen in die menschliche Natur, die es einer weißen Schriftstellerin zum ersten Mal in der Südstaatenliteratur ermöglicht, Negercharaktere mit einer ebenso großen Unbefangenheit und Gerechtigkeit zu behandeln wie die ihrer eigenen Rasse.«

Das langerwartete Werk »Clock Without Hands« erschien im September 1961, vier Monate nachdem schwarze Demonstranten, bekannt als *Freedom-Riders*, den blutigen Angriffen der weißen Sicherheitskräfte in Alabama standgehalten hatten. Der Roman endet mit dem senilen Wutanfall eines Südstaaten-Richters an jenem Tag des Jahres 1954, an dem der Oberste Gerichtshof die Rassentrennung in den öffentlichen Schulen für verfassungswidrig erklärte. Die überaus zahlreichen Rezensionen des Romans bestanden häufig aus austauschbaren Phrasen; austauschbar mit denen, die im Zusammenhang mit »The Ballad« ein Jahrzehnt zuvor verwendet worden waren: »Carson McCullers erzählt eine Parabel der Einsamkeit«; »Die Südstaatenschriftstellerin setzt ihre Faszination für die Einsamkeit fort«. Sogar der ehemalige marxistische Kritiker Granville Hicks, der für die *Saturday Review* schrieb, richtet sein Hauptaugenmerk auf bekannte Themen wie »Identität, den Sinn des Lebens, die Natur der Liebe«.

Die Frage, weshalb McCullers' Beschäftigung mit sozialen Konflikten und Unterdrückung so selten oder verspätet wahrgenommen wurde, kann auf zweierlei Weise beantwortet werden. Zum einen, weil McCullers den Realismus stets dem Symbolismus unterordnet. Eine symbolische Ebene der Figurenzeichnung hat Vorrang vor der realistischen Darstellung des Ortes und den sozialen Interaktionen. Menschen sind in McCullers Dichtung immer wichtiger als Institutionen.

Der generelle, seit langer Zeit bestehende Mangel, die von der Schriftstellerin hergestellte Verbindung zwischen individuellen und institutionalisierten Grausamkeiten zu erforschen, ist aber auch Resultat der Tendenz, nur das zu sehen, was wir sehen wollen, präziser: nur das, was uns durch eine komplexe Kombination kultureller Kräfte überhaupt ermöglicht wird zu sehen. Carson McCullers artikulierte durchweg eine ausgeklügelte Verschmelzung von psychologischem und sozialem Determinismus, in einer Ära des Rückzugs vom literarischen Naturalismus. Ihre Theorien über die Liebe – auch wenn sie meistens pessimistisch sind – wurden in diesen drei Jahrzehnten (und werden weiterhin) oft als platonische Gemeinplätze von universellem Ausmaß und Bedeutung gelesen. Wir können uns nur fragen, wie man ihre Dichtung – in vielerlei Hinsicht ein Produkt des Jahrzehnts der Depression – eingeschätzt hätte, wäre sie vor 1939 veröffentlicht worden. Oder wir können uns fragen, wie die Rezeption von »Clock« ausgesehen hätte, wäre sie frei von den Erwartungen gewesen, die sich während zweier Jahrzehnte herausgebildet hatten, in denen McCullers als unpolitische »*gothic*«-Schriftstellerin gelesen wurde.

McCullers Behandlung der Adoleszenz ist ein anderer Gradmesser für die Entwicklung der Literaturkritik. Drei ihrer Romane untersuchen unmittelbar die Adoleszenz als ergiebige Periode der Kreativität und Verwirrung im Leben von Mick Kelly aus »Hunter«, Frankie Addams aus »Member« und Jester Clane und Sherman Pew aus »Clock«. Man könnte in der Tat sagen, daß Adoleszenz vom ersten bis zum letzten Buch ihr Hauptthema darstellt, wenn man willens ist, in den Protagonisten aus »Reflections« (Ellgee Williams und Anacleto), »The Ballad« (Miss Amelia und Cousin Lymon) und vielen anderen Geschichten übergroße Kinder zu erkennen.

Adoleszenz, die in diesem Land nach dem Bürgerkrieg erfunden wurde, tauchte in unserer Literatur nach dem Ersten Weltkrieg auf und wurde von den Literaturkritikern nach dem Zweiten Weltkrieg entdeckt. Eine Ansammlung kritischer Arbeiten verkündet und analysiert den »Adoleszenzkult« in den fünfziger und sechziger Jahren. Unter ihnen sind die Essays von Leslie A. Fiedler und Ihab H. Hassan besonders charakteristisch. Fiedler bringt Carson McCullers mit Pattern verschleierter Homosexualität zwischen den Rassen in Verbindung, die er in der amerikanischen Literatur ausmacht. Frankie Addams und Berenice Sadie Brown reproduzieren die Beziehung von Huck und Jim: »Diesmal wird der Vater-Sklave-Geliebte in die Figur der Mutter-Schätzchen-Bediensteten umgewandelt, aber es bleibt noch, natürlich, schwarz genug.« Außerdem verurteilt er die »homosexual-gothic« Impulse der Schriftsteller, die er als »McCullers-Schule« oder als »Harper's Bazaar-Faulknerianer« bezeichnet, deren Figuren, wie Mick Kelly und Frankie Addams, unbewußt »den Ausschluß aus der Familie bewirken« und deren Angst vor Heterosexualität, die »einfach in eine Verwirrung des Kindes vor Hochzeiten oder Flitterwochen oder den Geschlechtsverkehr an sich übertragen wird«. Fiedler, für den Literatur und Kultur praktisch dasselbe sind, sieht in der pubertären Flucht vor dem Erwachsensein einen kulturellen Selbstmord.

Obwohl Hassan viele von Fiedlers Annahmen teilt, sieht er den Schwerpunkt der Adoleszenz in der Literatur eher fortschrittlich als rückständig, als eine Verschiebung von der Unschuld zur Schwelle der Lebenserfahrung. Carson McCullers und andere Romanschriftsteller, so unterschiedliche wie Saul Bellow, James Purdy und J.D. Salinger, benutzen pubertierende Figuren als Ventil eines radikalen Protestes gegen die Massengesellschaft der fünfziger Jahre. Der Heranwachsende verkörpert das »Rebellen-Opfer«, das Hassan »die zentrale und beherrschende Gestalt des neuen Romans« nennt. Die Darstellung der McCullersschen Heranwachsenden als groteske Gestalten (eine andere Version des Rebellen-Opfers) verstärken für Hassan deren repräsentativen Wert. Daß Mick Kelly und Frankie Addams, im Gegensatz zu den meisten anderen pubertierenden Protagonisten, mit denen sich Hassan auseinandersetzt, weiblich sind, bedeutet ihm nur einen kleinen, unwesentlichen Unterschied. Erst seit den achtziger Jahren, nach einem Jahrzehnt voller Debatten über die Rolle der Frau im privaten und öffentlichen Leben, nahm sich die Kritik McCullers' weiblichen Heranwachsenden an. Barbara A. White sieht in dem »Konflikt um die Geschlechtsidentität« das Hauptthema der Romane, die sich mit pubertierenden Mädchen befassen. Carson McCullers' Heldinnen sind weniger die Opfer einer seelischen Vereinsamung als vielmehr des gesellschaftlichen Ausschlusses, sie wehren sich – bewußt oder unbewußt – gegen die minderwertige Stellung, die sie als Frau erwartet. Bei dieser Sichtweise entpuppt sich Frankie

Addams' Sorge, sich zu einem überdimensionalen Monstrum zu entwickeln, nicht als eine unbegründete Angst vor der Vereinsamung, sondern eher als die Angst, eine häßliche Frau zu sein und in der weiblichen Rolle zu versagen.

Geschlechtsspezifische Betrachtungsweisen, wie die von White und die ausgereifteren Bemühungen Louise Westlings, verändern unser Verständnis von McCullers Gebrauch des Grotesken und ihrer Stellung in der Südstaatenliteratur. Westling macht eine ausgeprägte weibliche Tradition in den Arbeiten von McCullers, Eudora Welty und Flannery O'Connor aus. Für Westling und Linda Huf stellen Mick Kelly und Frankie Addams begabte Künstlerinnen dar, die gegen die Notwendigkeit, eine erwachsene Frau zu werden, revoltieren.

Carson McCullers' Reputation bietet einen ergiebigen Boden für eine Untersuchung modischer Schwankungen der Literaturkritik innerhalb von fünf Jahrzehnten. Dabei spielen drei Faktoren eine Rolle. Erstens ihr Geschlecht, zweitens ihre regionale Zugehörigkeit und drittens der Zeitpunkt der Veröffentlichung ihrer Werke. Mit ihrem ersten Roman von 1940 und dem letzten von 1961 kann sie zur Vor- wie zur Nachkriegsliteratur gezählt werden. So erntete Carson McCullers in dem Maße Lob und Mißbilligung, wie sie den Verallgemeinerungen der Kritik über die jeweilige Epoche entsprach. Ist ihre Sicht sozial oder höchst privat? In welchem Verhältnis mischt sie Realismus, Determinismus und Existentialismus?

Man hat sie als letzte proletarische Schriftstellerin, als Vertreterin der Moderne und der Proto-Postmoderne gelesen. Und wenn auch das Lob für ihr Werk von der Zinne gefallen ist, auf der sich das Wunderkind einst befand, so ist auch wahr, daß die Qualität und Vielseitigkeit der literarischen Reaktion auf ihr Werk in den letzten Jahrzehnten nicht geschwunden ist, sondern vielmehr zugenommen hat.

Literatur:

Leslie A. Fiedler, »The Profanation of the Child«, in: *New Leader* vom 23. Juni 1953

Leslie A. Fiedler, An End to Innocence: Essays on Culture and Politics, Boston 1955

Ihab H. Hassan, »Carson McCullers: The Alchemy of Love and Aesthetics of Pain«, in: *Modern Fiction Studies,* Nr. 5, 1959

Ihab H. Hassan, »The Character of Post-War Fiction in America«, in: *English Journal* vom Januar 1962

Granville Hicks, »The Subtler Corruptions«, in: *Saturday Review* vom 23. September 1961

Linda Huf, A Portrait of the Artist as a young Woman. The writer as Heroine in American Literature, New York 1983

Louise Westling, »Carson McCullers' Amazon Nightmare«, in: *Modern Fiction Studies*, Nr. 28, 1982

Barbara A. White, »Loss of Self in Carson McCullers' ›The Member of the Wedding‹«, in: Growing Up Female: Adolescent Girlhood in American Fiction, Westport 1985

Richard Wright, »Inner Landscape«, in: *New Republic* vom 5. August 1940

Behind the Wedding

Harvey Breit (1950)

Carson McCullers, die Autorin des Romans »The Member of the Wedding« ist als Bühnenautorin relativ unbekannt. Als Schriftstellerin dagegen ist sie sehr berühmt. Mit zweiundzwanzig Jahren schloß sie ihren ersten Roman »The Heart Is a Lonely Hunter« ab. Noch bevor die Leser ihre Verblüffung überwinden und sagen konnten: »Das wird sie nie wieder so hinkriegen«, gelang es ihr: ein Jahr später erschien ihr zweiter Roman »Reflections in a Golden Eye«.

Fünf Jahre darauf schrieb Carson McCullers »The Member of the Wedding«, den sanftesten und stimmungsvollsten, bewegendsten und rührendsten Roman von allen. Er erzählt die Geschichte eines einsamen, mutterlosen, heranwachsenden Mädchens namens Frankie, das die fixe Idee hat, an der Hochzeit ihres Bruders teilnehmen zu können, um dann mit Braut und Bräutigam in die Welt zu ziehen.

Als Miss McCullers – die groß und schlank ist, sich mit der unbeholfenen Unschlüssigkeit eines schüchternen, weisen und übergroßen Kindes bewegt und in ihrer Art und ihrem Aussehen Frankie am meisten ähnelt – nach dem Inhalt von »The Member of the Wedding« gefragt wurde, sagte sie »das Stück (...) handelt vom Erwachsenwerden, aber das ist nicht der Inhalt, es geht eher um Identität und den Wunsch, zu etwas oder jemandem zu gehören.« Miss McCullers' Stimme ist leise und sanft wie ein lauer Wind.

Bei einigen Wortsilben verweilt sie, über andere eilt sie hinweg: »ah-den-t-tee«, sagte sie, »jeder möchte irgendwo dazugehören. Der kleine Junge John Henry möchte ein Mitglied der Küchengemeinschaft werden. Berenice – Ethel Waters – ist der Präsident der Küche, Frankie möchte zur Welt gehören.«

Wie kam Miss McCullers auf diese Idee? »Jede kreative Idee«, sagte sie, nachdem sie kurz nachgedacht hatte, »ist so rätselhaft, daß es fast unmöglich ist, sich an den Ursprung zu erinnern – falls überhaupt ein Ursprung auszumachen wäre. Aber ich glaube, daß jedes Kind den Wunsch verspürt, irgendwo dazuzugehören. Doch nicht nur die Kinder. Ich denke es ist diese Urfrage: ›Wer bin ich? Was bin ich‹ oder ›Wo gehöre ich hin‹. Kindheit und Jugend sind Krisenzeiten, in denen solche Fragen besonders quälend und relevant sind.«

War irgend etwas in Carson McCullers Leben geschehen, was sie dazu gebracht hat, Bühnenautorin zu werden? »Es war Tennessee Williams«, sagte sie. Tennessee Williams? »Tennessee schrieb mir, nachdem er den Roman gelesen hatte, und lud mich und meinen Mann ein, den Sommer mit ihm in Nantucket zu verbringen. Wir besuchten ihn und wurden gute Freunde. Tennessee wollte den Roman unbedingt als Theaterstück sehen und hörte nicht auf zu drängen. Das ist jetzt drei Jahre her. Er arbeitete gerade an seinem neuen Stück – es war »Summer and Smoke« – und ich arbeitete an meinem.« Wieviel Mühe hatte sie mit der Dramatisierung ihres Romans? »Es war paradox. Ich mußte den Roman völlig vergessen, denn alles mußte ein anderes Medium werden. Es war faszinierend. Das Stück mußte viel direkter werden. Der innere Monolog mußte zum gesprochenen Wort werden. Es mußte auch viel emotionaler werden. Ich würde sagen, alles mußte zugespitzt werden. Ich denke nicht, daß das Stück besser ist als der Roman, aber auf eine bestimmte Art und Weise ist es emotionaler, denn aus Zeilen mußten Worte werden.« Mit Bewunderung sprach Carson McCullers von der Produktion des Stückes, bei der sie zugegen war. Ihr Enthusiasmus war so groß, daß es fast schien, als ob sie so etwas noch nie erlebt hätte, zumindest nicht in Verbindung mit dem Theater. »Oh doch«, sagte sie mit ironischem Unterton, »ich schrieb bereits Stücke, als ich fünfzehn oder sechzehn war. Das erste Stück schrieb ich unmittelbar nach der Lektüre von Nietzsche. Meine Hauptdarsteller waren Jesus und Nietzsche und sie sprachen in Reimen. Ich nannte das Stück ›Fire of Life‹, und ich fand es großartig. Ich führte es im Wohnzimmer auf und spielte selbst die Hauptrolle.«

Gebt die Schuld den Austern

Nancy Caldwell Sorel (1988)

Am 5. Februar 1959 gab Carson McCullers eine Lunch-Party. Sie lud nur noch selten Gäste ein, denn ihre Gesundheit war sehr angeschlagen, aber Isak Dinesen war in New York und zwar das erste (und einzige) Mal, und es gab zwei Frauen, die sie unbedingt sehen wollte. Carson McCullers war die eine; die andere Marilyn Monroe.

Dinesen erwähnte das gegenüber Carson, als sie sich bei einer literarischen Veranstaltung trafen, und Carson meinte, nichts leichter als das. Sie kenne Marilyn, und am Tisch da drüben säße Arthur Miller; sie würde noch ein paar alte Freunde fragen. »Tania«, wie Dinesen sich gern nennen ließ, lebte von Austern und Weintrauben, die sie mit Champagner hinunterzuspülen pflegte – also vielleicht doch noch einen Auflauf, sagte Carson McCullers zu ihrer Köchin, für den Fall, daß die anderen Gäste das Mahl als zu kärglich empfinden würden.

Die Millers holten Isak Dinesen an jenem Tag mit dem Auto ab, spät – wie hätte es auch anders sein können bei Marylin. Doch Marylin sah wirklich zum Anbeißen aus in ihrem engen, schwarzen Kleid mit tiefem Dekolleté und Pelzkragen. Tania, die etwas über achtzig Pfund wog, trug einen eleganten, grauen Anzug, ihr Kopf steckte in einem Turban. Nach dem Essen erzählte sie eine ihrer vielen Geschichten – als sie jung war in Kenia und ihren ersten Löwen erlegte und dessen Fell dem König von Dänemark schickte. Man konnte ihr kaum folgen. Auch Marilyn hatte eine Geschichte parat, wenn auch eine weniger heroische: Sie gab einmal eine Dinner-Party und kochte ein Nudelgericht nach dem Rezept ihrer Schwiegermutter; es wurde immer später und die Gäste kamen, und sie mußte die Nudeln mit dem Haartrockner fertigmachen. Marilyn erzählte immer die besten Geschichten. Dann legte Carson, wie sie später erzählte, eine Platte auf, und sie, Tania und Marilyn tanzten zusammen – auf einem schwarzen Marmortisch.

Gebt die Schuld den Austern und dem Champagner. Illusion gewann die Oberhand an jenem Abend. Karen Blixen und Norma Jean Baker versanken in der Legende von Isak Dinesen und Marilyn Monroe. Marilyn hat Dinesen nicht enttäuscht, die sie wegen ihrer grenzenlosen Lebenskraft und Unschuld mit einem Löwenbaby verglich. Es gab eine instinktive Sympathie zwischen ihnen. Carson nannte es sogar Liebe.

Frankie Addams mit fünfzig

Rex Reed (1967)

In einem Krankenbett, das im Plaza Hotel in der Mitte einer prunkvollen Suite von der Größe eines kleinen Baseballfeldes stand, hielt sie Hof. Ihr gingen ein paar Dinge im Kopf herum – ihre neue Erzählung über einen Bürgerrechtsmarsch, die Musical-Version von »The Member of the Wedding«, die Mary Rodgers für den Broadway vorbereitete und der Film, den John Huston gerade von ihrer zweiten Erzählung »Reflections in a Golden Eye« aus dem Jahr 1941 gedreht hat. Ray Stark, der Produzent des Films, sagte ihr, er würde alle Ausgaben übernehmen, wenn sie und Ida (ihre schwarze Köchin, Haushälterin und treue Begleiterin) zu den Dreharbeiten kämen. Carson fand, sie habe Ferien nötig und Ida war der Meinung, es sei sicher gut, sich einmal von anderen bekochen zu lassen. Hier waren sie also, bestellten Skorpione und kicherten wie zwei Debütantinnen in einem alten Diana-Lynn Film.

Carson saß aufrecht im Bett, schmal und zerbrechlich wie ein zitternder Vogel, mit großen schimmernden Augen und einer Ausstrahlung, als wäre sie nicht von dieser Welt: Eine erwachsene Frankie Addams, die an ihrem Bourbon-Punsch im silbernen Glas nippte, ununterbrochen rauchte und plauderte und die Chrysanthemen und Anemonen bewunderte, die ihr Freunde gesandt hatten. »Am 19. Februar bin ich ein halbes Jahrhundert alt geworden«, sagte sie. »Ida bastelte ein Ananasbäumchen aus Zahnstochern, Cocktailzwiebeln, Käse und Kirschen, und es gab so viele Blumen, daß es aussah, als ob jemand aufgebahrt worden wäre. Gott sei Dank bin ich weit davon entfernt. Seit Jahren habe ich mich nicht besser gefühlt. Diesen Frühling reisen Ida und ich nach Irland, um John Hustons Schloß zu besuchen. Er hat uns zwei Fahrkarten erster Klasse geschickt und wird uns mit einer Ambulanz am Flughafen abholen, die uns auf's Land bringen soll. Er hat mir versprochen, mich zum Forellenfischen mitzunehmen, und daß die Luftveränderung Wunder bewirken würde. Kennen Sie John Huston? Ein reizender Mensch. Carol Reed hatte mich einmal auf die Verfilmung von ›Spiegelbild im goldnen Auge‹ angesprochen. Ich sagte: ›Sir Carol, ich glaube nicht, daß daraus ein Film wird‹, und so sprachen wir nicht mehr davon. Jahre später kam Huston zu Besuch in mein Haus in Nyack. Wir saßen auf der hinteren Veranda und schauten auf den Blumengarten hinunter, den meine Mutter angelegt hatte, und ich dachte nach. Wenn zwei Spitzenregisseure an dem Buch Interesse zeigten, hatte das Projekt vielleicht eine Chance. Jetzt bin ich ganz aufgeregt und kann die Premiere gar nicht erwarten. Huston erklärte mir, der Film könne auf zwei verschiedene Arten gemacht werden – als Kunstfilm, woran ich nicht interessiert war, oder in großem Stil mit großartiger Besetzung! Und was für einer Besetzung! Ich kenne Marlon Brando seit ›Endstation Sehnsucht‹. Selbstverständlich war meine geliebte Julie Harris ›Frankie Addams‹. Ich finde sie wunderbar – sie war oft in meinem Haus zu Gast. Und Elisabeth Taylor – sie schrieb mir einen zauberhaften Brief aus Rom. Der philippinische Hausboy wird von einem wundervollen jungen Mann namens Zorro David gespielt. Er ist Friseur im ›Saks Fifth Avenue‹.

Stellen Sie sich das vor! Ich denke, sie werden alle großartig sein.

Die Schönheit von Worten hat mich schon immer gefesselt und nun bin ich fasziniert vom Vokabular des Films – wunderbare Worte wie ›stills‹ und ›rushes‹. Bisher habe ich nur Standbilder gesehen und noch keine Muster, aber die sehen wirklich schön aus. Ray Stark, der gern grobe Scherze treibt, rief mich an und sagte: ›Ich habe den Film gesehen und muß dir als Profi sagen, daß der Film nicht gut ist.‹ ›Nicht gut?‹ wiederholte ich mit gebrochenem Herzen. ›Nein, er ist großartig‹. Ich hoffe, daß er recht hat.«

Es klopfte an der Tür und Flora Lasky, Carsons langjährige Freundin und Rechtsanwältin, brachte ein Geschenk vorbei. »Ich nehme an, es ist zu spät, dich zu überreden, das Rauchen aufzugeben«, sagte sie ernst. »Das glaube ich auch«, erwiderte Carson verschmitzt. »Dann solltest du wenigstens stilvoll rauchen, mit einem eleganten Aschenbecher«, befand Lasky und präsentierte Carson einen seegrünen Teller von den Jungferninseln, mit Steinen bestückt. Nachdem sie gegangen war, sagte Carson: »Ich weiß nicht, was ich ohne meine Freunde tun würde. Sie machen das ›wir‹ von mir aus. Ich komme überhaupt nicht mehr aus dem Bett, weil ich mir das Bein gebrochen habe und nicht mehr gehen kann.« Sie grinste ihr Cowboy-Grinsen. »Das traurige, frohe Leben der Carson McCullers. Manchmal denke ich, Gott hat mich mit Hiob verwechselt. Aber Hiob hat Gott nicht verflucht, und so tue ich es auch nicht. Jeden Morgen gegen neun Uhr bereitet Ida das Frühstück für uns, und dann versuche ich zu schreiben, egal, ob ich mich gut fühle oder nicht. Ich bin Schriftstellerin, so lange ich es sein muß – und will. Es gibt schreckliche Tage, an denen die Schmerzen so stark sind, daß ich nicht schreiben kann. Das sind die schlimmsten Zeiten, und ich falle für eine Weile in ein tiefes Loch, aber ich erhole mich immer wieder.«

Wie steht es mit der Musical-Version von »Member of the Wedding«? Könnte es ihrem zarten Stück die Knochen brechen? »Naja, ich werde nicht zulassen, daß es dazu kommt. Das Ganze spielt in einer Küche, und ich weiß nicht, wie sie da groß tanzen können. Es wäre einfach schrecklich, wenn Berenice Sadie Brown eine komplizierte Steptanznummer mit Töpfen und Pfannen hinlegen würde. Andererseits wäre es auch nicht ganz abwegig, weil John Henry und Frankie immer in der Küche herumtanzen und singen.«

Als sie die Filmversion von »Member« in einem kleinen Kino in Macon, Georgia sah, war die Szene geschnitten worden, in der Ethel Waters die Kinder auf ihrem Schoß hatte und ihnen »His Eye is on the Sparrow« vorsang. Von diesem Schock hat sich Carson nie wieder erholt; für »Reflections in a Golden Eye« und den geplanten Film »The Heart Is a Lonely Hunter« mit Alan Arkin in der Hauptrolle hegt sie größere Hoffnungen. »Das Drehbuch hat ein Südstaatler namens Tom Ryan geschrieben, so daß sich viel von meiner Grundstimmung wiederfindet. Ich würde keinen Schriftsteller aus dem Norden damit betrauen.«

Es klopfte erneut an der Tür, und ein junger Student aus Long Island trat ein. Er schenkte der sprachlosen Carson McCullers ein selbstgemaltes Ölportrait von ihr und die Schallplatte »Judy Garland in the Carnegie Hall«.

»Erstaunlich!« rief McCullers aus, als der Student gegangen war. »Ein Kritiker hat mich einmal tödlich beleidigt, als er schrieb, ich hätte einen schlechten Einfluß auf junge Leute. Ich denke nicht, daß das stimmt. Ich komme gut mit ihnen aus. Edward Albee war noch sehr jung, als er zu mir kam, um mich um die Erlaubnis zu bitten, meine »Ballade vom traurigen Café« für die Bühne bearbeiten zu dürfen. Er mietete ein kleines Häuschen ohne Strom auf Water Island, und nachdem der erste Entwurf fertig war, blieb ich die ganze Nacht auf und er las mir den Text vor. Wie auch immer, als ich die Broadway-Aufführung sah, war ich enttäuscht. Edward ist hochbegabt, und er verplempert nur seine Zeit, wenn er etwas von mir bearbeitet. Er sollte besser seine eigenen Stücke schreiben. Schließlich gibt es keinen Dialog und keine Handlung in meinem Roman, und ich sagte ihm, daran ließe sich eben nichts ändern. Ich weiß nicht, wie es ihm dabei ging, aber ich denke immer noch, ich hatte Recht.«

McCullers unterhielt sich mit mir bis spät in den Nachmittag über New York (»nichts für Landeier«), Romane und Schriftsteller (nach hartnäckigem Drängen gestand sie, ihre Favoriten seien »Sons und Lovers« von D.H. Lawrence, Dostojewski, Tolstoi und Mr. Faulkner, »der mich wie eine jungvermählte Braut erröten läßt«). Mit ihren langen, eleganten, wie aus Elfenbein gemeißelten Händen beschrieb sie ihr Haus in Nyack, ein gotisch-viktorianisches Gebäude des Südens in der Farbe von Vanilleeis, direkt gegenüber einer Methodistenkirche, wo sie ihre Gäste in langen, weißen Kleidern und Tennisschuhen begrüßt. Die Arbeit geht langsam voran, noch langsamer, seit sie außer Gefecht gesetzt ist; sie behauptet, keiner Schule von Schriftstellern anzugehören (»Die meisten Schulen ahmen mich nach«) und nicht auf Moden zu achten, die in der Literatur kommen und gehen (»Wer zum Teufel«, fragt sie, »ist Jacqueline Susann?«)

Ihre nächsten Bücher werden eine Sammlung von Kurzgeschichten über Schwarze sein, die sie im Süden kennengelernt hat. (»Die Sprache und Gefühle aus meiner Kindheit sind mir als Schriftsteller immer präsent, und die Sprache der Schwarzen ist so wunderbar.«) Außerdem plant sie ein Buch über ihr Leben, ihr Werk und ihre Gründe zu schreiben. »Ich halte es für wichtig, zukünftige Generationen von Studenten wissen zu lassen, warum ich bestimmte Dinge getan habe – aber auch für mich ist das wichtig. Ich wurde über Nacht zu einer etablierten Persönlichkeit des Literaturbetriebs und war zu jung, um zu verstehen, was mit mir geschah und welche Verantwortung mir damit aufgebürdet wurde. Ich war ein Teil dieser Hölle. Zusammen mit meinen Krankheiten zerstörte es mich fast. Wenn ich herausbekomme und anderen Generationen klarmache, welche Auswirkungen der Erfolg auf mich hatte, wird das vielleicht künftigen Künstlern helfen, besser damit umgehen zu können.«
»Es ist Zeit für ein Nickerchen, meine Liebe«, unterbrach Ida. – »Das«, erklärte Carson, »ist ein Befehl des Hauptquartiers.«

Und so verließ ich sie, umgeben von Bergen von Kissen und in Erinnerungen versunken. Neben dem Bett standen Orangenlimonade ohne Kalorien und eine kleine Bettapotheke mit Pillen in allen Regenbogenfarben, wie Ostereier auf einer weißen Tischdecke. »Auf Wiedersehen«, flüsterte Carson nicht lauter als das Geräusch verwelkter Rosenblätter, die sich vom Stengel lösen.

To the joy of life

Ulla Isaksson (1983)

Mein Skript zu Ingmar Bergmans »Jungfrauenquelle« war 1960 in Amerika in Buchform erschienen, und im Herbst bekam ich eine Einladung nach New York. Ich war schon früher dort gewesen, aber nie in eigener Sache. Freundliche Menschen schrieben mir und fragten, was ich sehen wolle und ob es jemanden gäbe, den ich dort treffen möchte. Die Frage schien mir ungewöhnlich – sich quer über den Atlantik zu verabreden! Ich antwortete: Carson McCullers und niemanden sonst.

Für mich war sie eine der größten Schriftstellerinnen. Ihren ersten Roman, »The Heart Is a Lonely Hunter«, hatte ich ein Jahr lang buchstäblich verschlungen. Und wenn ich auch die anderen – »Reflections in a Golden Eye«, »The Member of the Wedding« und »The Ballad of the Sad Café« – nicht mit der gleichen Leidenschaft las, kamen sie mir doch bemerkenswert genug vor. Ganz einfach erstklassig!

Meine Carsonverliebtheit hatte zehn Jahre zuvor in New York begonnen. Damals hatte ich durch Zufall ihre Dramatisierung von »The Member of the Wedding« gesehen, das vor vollem Haus am Broadway gegeben wurde. Ich schlief nicht viel nach dieser Vorstellung, und am nächsten Tag ging ich auf die Jagd nach ihren Büchern. Lag und las sie in einem Hotelzimmer im siebten Stock während eines Herbststurms, der die Wolkenkratzer zum Schwanken brachte, während ich selbst vom McCullersschen Wind herumgewirbelt wurde. Es schien ganz so, als sollten alle meine Amerikareisen Begegnungen mit ihr werden!

In Kastrup hatte ich Zeit darüber nachzudenken, wo ich aufgrund eines Maschinenschadens vierundzwanzig Stunden festsaß – so etwas konnte damals passieren.

Mit einem Tag Verspätung und sehr müde traf ich in den frühen Morgenstunden in New York ein. Ich hatte nur kurz Zeit zum Frühstücken – dann mußte ich sofort zum Bus nach Nyack, wo Carson mich erwartete. Einige Stunden später saß ich mit dem Gefühl im Bus, noch nicht gelandet zu sein. Glücklicherweise hatte ich klebrige Finger von den Frühstückspfannkuchen mit Ahornsirup, die ich in Erinnerung an den taubstummen Griechen Antonapoulos in »The Heart Is a Lonely Hunter« gegessen hatte. Die Klebrigkeit war für mich das einzige Indiz dafür, wohin ich fuhr.

Es war ein ziemlich warmer Novembertag, eher diesig als klar, aber mit einem winterlichen Opalschimmer in der Luft, und es herrschte große Stille. Diese Stille ist viel seltsamer als alle anderen Erinnerungen an Amerika, sie ist voller gewaltiger, manchmal schwer auszuhaltender Geräusche. In meiner Erinnerung gleitet ein großer, fast leerer und völlig geräuschloser Bus durch eine stille, streckenweise öde Landschaft, dort der Hudsonfluß, schimmernd wie das Silber im Opal. Eine gute Stunde nordwärts stieg ich an einer leeren Haltestelle aus dem leeren Bus in eine Landschaft mit viel Himmel und wenigen Häusern – »a place far off and estranged from all other places in the world«. Die Ruhe empfand ich als beinahe erschreckend. Es war zwar Sonntagvormittag, aber dennoch war es merkwürdig, daß mir kein einziger Mensch begegnete... Das Haus war klein und weiß und leicht zu finden nach der Beschreibung, die

130

ich bekommen hatte. Carson erwartete mich unmittelbar an der Tür. Ich ahnte noch nicht, was es sie kostete, dort zu stehen, aber ich erschrak heftig. Ich wußte, daß sie ein Jahr jünger war als ich, und unbewußt hatte ich sie mir als eine Frau in meinem Alter und relativ gesund vorgestellt. Aber gestützt gegen den Türpfosten hing eine schiefe Vogelscheuche, barmherzig verhüllt von einem in weiche Falten fallenden Tuch, und darüber ein weißes, kantiges, sehr nacktes Gesicht, das ich schon von Bildern kannte, und ein paar dunkle Augen, viel, viel unruhiger als auf den Bildern.

Plötzlich hatte ich keine Worte und absolut kein Englisch mehr. Ich stand wie gelähmt, das verräterische Schweigen der letzten Stunden schlug in Schrecken um, hier war ich nun, auf der anderen Seite des Atlantiks und hier war Carson McCullers; aber alles war zu schnell, zu leicht, zu gut gegangen, keine Schleusen hatten meinen Eifer aufgehalten, als ich den Weg von Kastrup kam, nichts hatte mich gewarnt, und jetzt war ich auf einmal viel zu nah – ja, mitten in dem verhaltenen, aber unablässigen Schmerz, den man in allem, was sie schrieb, fand. Wie sollte man dafür Worte finden?

Ich wollte kehrtmachen, aber Carson streckte ihre magere Hand aus, ihr schmaler Arm kam aus den Stoffmassen – sie benötigte Hilfe, um zu ihrem Stuhl zu gelangen. Mühsam bewegten wir uns dorthin, Schritt für Schritt und ohne ein Wort. Und als Carson wohlbehalten zwischen all ihren Kissen angekommen war, war ich so schief und krumm wie sie. Zu keiner anderen Bewegung fähig, überreichte ich ihr mechanisch mein nett verpacktes Schwedensouvenir – eines von zehn schnell zusammengekauften von daheim –, welches sie mit großer Mühe auswickelte. Die groteske

131

Situation – daß ich ihre armen Finger mit dieser Lächerlichkeit bemühte! – schlug über mir zusammen, und ich flüsterte verzweifelt: Please forgive me, forgive me... Ein Lächeln blitzte in Carsons dunklen Augen auf, und beruhigend schloß sie die Hände um das kleine Geschenk. Als ich verstand, warum sie lächelte, konnte ich zurücklächeln. Ich mußte sie nicht um Vergebung dafür bitten, daß ich gesund war! Es war wie ein kleiner, gemeinsamer Seufzer, ich lehnte mich im Stuhl nach hinten, und Carson erhob die Hände und klatschte leicht. Wie in einer Bühnenszene öffnete sich die Tür im Hintergrund, und eine wunderbar schöne Negerin kam mit zwei hohen Gläsern und einer Flasche Champagner auf einem Silbertablett hereingeglitten.

– Es ist von meiner Mama, sagte Carson und berührte das Tablett, als sei es die Mutter selbst. Die Gläser ebenfalls. Alles, was ich habe, ist von ihr... Sie machte eine leichte Bewegung zum Zimmer hin.

Ich sah mich vorsichtig um, sah, daß die Möbel schön waren, aber abgenutzt und von Menschenleben gezeichnet, daß die Teppiche verschlissen waren, der Stoff auf den Stuhlsitzen beängstigend dünn, das ganze Haus alt, hinfällig und mit einem Fußboden, der... Nein, das war doch wohl nicht möglich? Ich glitt mit den Füßen über die Bodenbretter, jawohl – sie senkten sich zum Fluß hin!

Die schöne schwarze Frau lachte laut, als der Champagnerkorken in die Luft flog, und sie lächelte noch immer, als sie mit Schwung die hohen Gläser füllte und uns reichte. Carson lächelte auch, schief, aber sanft. Ihre Hand hielt das Glas in einer schmerzhaften Verdrehung, und die dunklen Augen waren jetzt ohne ein Lächeln. Aber sie neigte sich mir entgegen, erhob mit einer gewaltsamen Geste das Glas in die Luft und sagte mit ihrer heiseren Stimme: To the joy of life!

Etwas später saßen wir an einem wunderbaren Eßtisch mit schönem Leinen, schönem alten Porzellan, herrlichem Essen. Carson war sehr zufrieden mit meinem unverschämt guten Appetit: Da wird Martha sich freuen! Und sie erzählte, wie wenig Karen Blixen gegessen hatte, als sie zu Besuch war.

– Ich habe geglaubt, sagte Carson, und nun war dieses gelbe Leuchten wieder in ihren Augen, daß ich auf der ganzen Welt am wenigsten esse. Aber Karen Blixen lunchte drei Weintrauben und ein Glas Champagner und dinierte sechs Stunden später fünf Trauben und zwei Gläser Champagner... Martha weinte draußen in der Küche über ihrer Pastete...

Also aß ich, um Martha glücklich zu machen und um den ersten Schrecken, der noch in mir saß, zu lindern – aber auch ganz einfach deshalb, weil es so herrlich schmeckte. Sich selbst nahm Carson ein wenig von allem mit großer Mühe, aber sie aß, so weit ich sehen konnte, nicht einen Bissen. Die altmodische Silbergabel erschien zu schwer in ihrer Hand, die knusprigen Pasteten zu fleischgefüllt, das Brot zu warm und butterglänzend und das Gemüse zu mächtig in seinem Öl. Aber ich fühlte, daß sie das Essen durch meinen Mund genoß. Martha und ich neckten einander, sie nötigte, ich verweigerte, sie erhob ihre Arme zum Himmel: Oh my Lord! Ich gab klein bei.

Martha machte einen Tanzschritt, drehte den Knauf der Pfeffermühle über dem Salat, und als ich nach dem Rezept der Pastete fragte, sprang sie hinaus in die Küche nach Stift und Papier – und während ich noch immer aß, schrieb ich es auf. Der Lunch war wie ein kleines Theaterstück, obwohl die Gastgeberin das Essen auf ihrem Teller nur zerschnitt und nicht einmal den Versuch machte, es zum Mund zu führen. Carson erzählte von ihrer Kindheit mitten im tiefsten Süden; von der stillen, tristen Kleinstadt mit ihrer Hauptstraße und ihren Pfirsichbäumen. Von »The Ballad«, dachte ich, oder vielleicht von »The Heart« – etwas größer, aber gleich. Die gedichteten Städte flossen mit den realen Vorbildern zusammen, und Carson selbst wurde zwölf Jahre alt wie Frankie in »The Wedding« oder Mick in »The Heart«, und die Straße war so heiß, daß man nicht barfuß gehen konnte, und die Brust war voller Sehnsucht fortzugehen.

Carson war siebzehn Jahre, als sie nach New York kam und Romane zu schreiben begann, aber über ihre Bücher will sie nicht sprechen, sie kehrt schnell zu Karen Blixen zurück. Ihre Arme erheben sich, die Finger zeichnen krumme Striche in die Luft: Can you see us? Und ich sah sie sehr deutlich, diese zwei zerbrechlichen, schiefen Wesen, die auf keinen Fall stürzen durften – wie vorsichtig und unendlich mühevoll nahmen sie sich aus in diesem Haus mit seinem abschüssigen Boden, sich lebensgefährlich auf einander stützend, wie sie stolperten, seufzten, lachten und stehenblieben, um zu ruhen, aber eigensinnig weiterstrebten, um endlich den Fluß zu erreichen. – Es war Karen, seufzte Carson, sie mußte dorthin. Dann blieben sie eine Stunde nahe am fließenden Wasser sitzen.

Martha hatte mir geholfen, in die Sprache zurückzufinden – jetzt kamen die Worte von selbst. Ich erzählte von Dingen, über die ich früher nie sprechen konnte. Hier im Haus, am sachte entlangtreibenden Fluß, empfand ich es nicht länger so. Ich lauschte meiner eigenen Stimme und wieder kam sie mir armselig vor. Sie kam tief von innen heraus mit Worten, die nicht meine und doch gleich meinen waren – und alles, was ich erzählte, hatte Carson bereits gehört, erfahren, durchlebt. Wir saßen nicht mehr am Tisch, sondern in unseren Sesseln. Carson kettenrauchend, rauchen war das einzige, das sie allein konnte. Die Dämmerung begann sich zu senken, und das Dunkel sickerte durch alle Ritzen und Löcher in das alte Haus, der Boden senkte sich immer stärker zum Fluß hin, und wir waren nur zwei Stimmen.

Am Ende kam Martha mit der Lampe und einem Buch herein. Und Carson schrieb schwarz und gespreizt, in heftiger Steigung – ich schlage das Buch jetzt auf und schaue auf die Worte. Sie sind kaum lesbar, die P's in happy sind B's geworden, und friendship ist nur ein Strich.

– Sitz still, sagte Carson, sitz still, ich muß dir einen Kuß geben.

Und mit unendlicher Mühe kam sie aus dem Stuhl, das Kleid schwebte um sie wie eine Wolke, und ihr Schatten flog auf wider das Dach. Ihre Hände stützten sich vorsichtig auf meinen Stuhl, und langsam senkte sich ihr weißes Gesicht meinem entgegen, und ich fühlte ihre Lippen wie Schmetterlingsflügel meine Wange streifen, meine Stirn, meine Haare…

Einige Tage später, als ich versuchte sie anzurufen, um ihr zu danken, erfuhr ich, daß sie nur an diesem Wochenende ihr Heim besucht hatte und sich sonst im Krankenhaus aufhielt.

Lebensdaten

1917	Lula Carson Smith wird am 19. Februar in Columbus, Georgia geboren.
1935	Längerer Aufenthalt in New York.
1936	Bekanntschaft mit Reeves McCullers. In der Zeitschrift *Story* wird ihre Erzählung »Wunderkind« gedruckt.
1937	Hochzeit von Reeves McCullers und Carson Smith, Umzug nach North Carolina.
1940	»The Heart Is a Lonely Hunter«. Umzug nach New York. Ende des Jahres Scheidung von Reeves McCullers.
1941	»Reflections in a Golden Eye«. Erster Schlaganfall.
1943	Literaturpreis der American Academy of Arts and Letters. »The Ballad of the Sad Café« entsteht in nur sechs Wochen.
1944	Tod des Vaters. Die Mutter verkauft das Juweliergeschäft in Columbus und zieht mit ihrer jüngeren Tochter nach Nyack-on-Hudson.
1945	Nach dessen Entlassung aus der Armee zweite Heirat mit Reeves McCullers.
1946	»The Member of the Wedding«.
1947	Weitere schwere Schlaganfälle mit halbseitigen Lähmungserscheinungen als Folge.
1950	Premiere von »The Member of the Wedding« am Broadway.
1951	»The Ballad of the Sad Café and Other Stories«.
1953	Reeves begeht Selbstmord in einem Pariser Hotel.
1955	Tod der Mutter.
1961	»Clock Without Hands«.
1963	Internationaler Verlegerpreis.
1964	Nach einem Sturz bleibt Carson McCullers bis zu ihrem Tod an den Rollstuhl gefesselt.
1967	Nach einem weiteren Schlaganfall und wochenlanger Bewußtlosigkeit stirbt Carson McCullers am 29. September in Nyack, New York.
1971	Ihre Schwester Margarita G. Smith gibt den Band »The Mortgaged Heart. The Previously Uncollected Writings of Carson McCullers« heraus.

Bibliographie

Deutsche Veröffentlichungen:

Das Herz ist ein einsamer Jäger [*The Heart Is a Lonely Hunter,* 1940]. Deutsch von Susanna Rademacher, Zürich 1963 [Vorherige Ausgaben: Das Herz ist ein einsamer Jäger. Deutsch von Karl Heinrich, Berlin 1950]

Spiegelbild im goldnen Auge [*Reflections in a Golden Eye*, 1941]. Deutsch von Richard Moering, Zürich 1966 [Der Soldat und die Lady, Stuttgart 1958]

Frankie [*The Member of the Wedding,* 1946]. Deutsch von Richard Moering, Zürich 1965 [Das Mädchen Frankie. Stuttgart 1951]

Die Ballade vom traurigen Café [*The Ballad of the Sad Café,* 1952]. Deutsch von Elisabeth Schnack, Zürich 1971 [Die Mär von der glücklosen Schenke. Deutsch von Wolfgang von Einsiedel, Stuttgart 1954]

Uhr ohne Zeiger [*Clock Without Hands,* 1961]. Deutsch von Elisabeth Schnack, Zürich 1962

Wunderkind. Erzählungen. Deutsch von Elisabeth Schnack, Zürich 1974

Madame Zilensky und der König von Finnland. Erzählungen. Deutsch von Elisabeth Schnack, Zürich 1974

Meistererzählungen. Ausgewählt von Anton Friedrich. Deutsch von Elisabeth Schnack, Zürich 1991

Sekundärliteratur:

Harald Bloom (Hg.), Carson McCullers (Modern critical views), New York 1986

Richard M. Cook, Carson McCullers, New York 1978

Oliver Evans, Carson McCullers. Her Life and Work, London 1965; deutsch: Carson McCullers. Leben und Werk. Aus dem Englischen von Elizabeth Gilbert, Zürich 1970

Lawrence Graver, Carson McCullers, Minnesota 1969

Gerd Haffmans (Hg.), Über Carson McCullers. Essays, Erinnerungen und Notizen, Zürich 1974

Virginia Spencer Carr, The Lonely Hunter. A Biography of Carson McCullers, New York 1975

Textnachweise

Annemarie Schwarzenbach, Nicht die Zeit für Ästhetik. Aus: Auf der Schattenseite. Ausgewählte Reportagen, Feuilletons und Fotografien 1933-1942, Basel 1990

Oliver Evans, Das Haus in Brooklyn Heights. Aus: The Nation, 13. Juli 1964

Kay Boyle, Eine Referenz dem Gespür. Aus: Eugene J. Woods (Hg.), I Wish I Had Written That - Selections Chosen by Favorite American Authors, New York 1946

Marguerite Young, Metaphysische Prosa. Aus: The Kenyon Review, Winter 1947. Deutsch in: Über Carson McCullers, Zürich 1974

Carson McCullers, Der blühende Traum. Aus: Esquire, Dezember 1959

Gore Vidal, Die Außenwelt. Aus: The Reporter, 28. September 1961. Deutsch in: Über Carson McCullers, Zürich 1974

Günther Busch, Die Worte und die Pausen. Aus: Merkur, Nr. 3, 1963

Judith Giblin James, Im Wandel der Kritik. Aus: Judith Giblin James, Wunderkind. The Reputation of Carson McCullers, 1940-1990, Columbia, SC 1995

Harvey Breit, Behind the Wedding. Aus: The New York Times, 1. Januar 1950

Nancy Caldwell Sorel, Gebt die Schuld den Austern. Aus: The Atlantic Monthly, Januar 1988

Rex Reed, Frankie Addams mit fünfzig. Aus: The New York Times, 16. April 1967

Ulla Isaksson, To the joy of life. Aus: Svensk Litteraturtidskrift, 1983

Übersetzungsnachweis

Die Texte des Bandes wurden aus dem Amerikanischen übertragen von Dörthe Anders (Harvey Breit); Elizabeth Gilbert (Marguerite Young / Gore Vidal); Hannah Harders (Kay Boyle); Silvie Horch (Judith Giblin James); Nadra Ridgeway (Rex Reed / Nancy Caldwell Sorel); Stephanie Schmidt (Carson McCullers); Silke Schumann (Oliver Evans); bzw. aus dem Schwedischen von Kerstin Seydler (Ulla Isaksson)

apropos Lee Miller

Mit einem Essay
von Antony Penrose
ISBN 3-8015-0278-3

Starmodell, Photographin und Kriegsberichterstatterin. Das aufregende Leben der Lee Miller (1907-1977) ist umrankt von Legenden. Die junge Amerikanerin zieht es 1929 nach Paris, wo sie Man Rays Modell, Schülerin und Geliebte wird. Paris bleibt nur eine Station in ihrem Leben. Über Ägypten und die USA geht sie nach England. Sie ist so launisch wie großzügig, so kämpferisch wie loyal. Während des Krieges arbeitet sie als Photojournalistin für »Vogue«. Ihre Bilder und Texte dokumentieren zerstörte Städte und tiefes menschliches Leid.

Nach 1945 fällt es Lee Miller schwer, zur Modephotographie zurückzukehren. Sie heiratet den englischen Maler Roland Penrose, bekommt Sohn Antony, und kapselt sich mehr und mehr von der Umwelt ab. Sie stirbt 1977 im Alter von 70 Jahren in Sussex.

Antony Penrose versucht in seinem Essay, das »Rätsel Lee Miller« zu lösen. Dabei erfährt er von Ereignissen und Brüchen in ihrer Biographie und findet auf diesem Wege ein spätes Verständnis für seine Mutter, die ihm zu Lebzeiten eine Fremde war.

Verlag Neue Kritik • Kettenhofweg 53 • 60325 Frankfurt

apropos Ethel Rosenberg

Mit einem Essay
von Stefana Sabin
ISBN 3-8015-0295-3

Sie stammte aus dem armen jüdischen Viertel Manhattens und träumte davon, als Sängerin berühmt zu werden. Berühmt ist Ethel Rosenberg (1915-1953) tatsächlich geworden, aber nicht auf der Opern-, sondern auf der politischen Bühne der USA. Aus ihrer New Yorker Sozialbauwohnung soll sie mit ihrem Ehemann Julius das Geheimnis der amerikanischen Atombombe an die Sowjetunion verraten, damit den Korea-Krieg verursacht und die Sicherheit der Vereinigten Staaten gefährdet haben.

Die Rosenbergs wurden am 19. Juni 1953 auf dem elektrischen Stuhl hingerichtet. Eine juristische Horrorgeschichte und ein politisches Trauerspiel. Ob unschuldig oder mitschuldig – das Verhalten der amerikanischen Justiz läßt den Prozeß bis heute in einem zweifelhaften Licht erscheinen.

Stefana Sabin zeichnet in ihrem Essay »Die Unbeugsame« das Porträt einer Frau, die zum Spielball der Staatsmacht wurde und durch ihre unbeugsame Haltung in die amerikanische Nachkriegsgeschichte einging.

Verlag Neue Kritik • Kettenhofweg 53 • 60325 Frankfurt